TRANSPARENT

Band 43

W0060587

V&R

Karin Wilkening, Dr. phil., ist Professorin für Psychologie (Geragogik) an der Fachhochschule Braunschweig/Wolfenbüttel. Als sie 32 Jahre alt war, verstarb ihr erstes Kind. Sie hat Gesprächskreise für Hinterbliebene eingerichtet und geleitet, hat sich in England im Bereich Trauerbegleitung/Hospizarbeit fortgebildet und war Vorsitzende des Hospizvereins im Bistum Hildesheim.

Karin Wilkening

Wir leben endlich

Zum Umgang mit Sterben, Tod und Trauer

Mit 7 Abbildungen

Vandenhoeck & Ruprecht
in Göttingen

Die Deutsche Bibliothek – CIP-Einheitsaufnahme

Wilkening, Karin:
Wir leben endlich : zum Umgang mit Sterben, Tod und Trauer /
Karin Wilkening. –
Göttingen : Vandenhoeck & Ruprecht, 1997
(Transparent ; Bd. 43)
ISBN 3-525-01729-4

Umschlaggestaltung: Rudolf Stöbener

© 1997 Vandenhoeck & Ruprecht, Göttingen
Printed in Germany
Schrift: Palatino
Satz: Text & Form, Pohle
Druck und Bindung: Hubert & Co., Göttingen

Gedruckt auf chlor- und säurefreiem Papier

Inhalt

Vorwort

Dies ist ein Buch für Menschen, die sich noch kaum mit dem Thema Tod, Sterben und Trauer beschäftigt haben. Ihnen allen – ob aus beruflichem oder privatem Interesse – will das Buch Mut machen, sich auf die Vielfalt des Themas einzulassen und das zusammenstellen, was man sonst kaum in einem Buch zusammen findet:

– gesellschaftliche Veränderungen im Umgang mit dem Tod
– Hinführung zu den Ängsten und Bedürfnissen Sterbender
– Entlastungsmöglichkeiten für pflegende Angehörige
– Impulse der Hospizbewegung
– wichtige Begriffe im Umfeld des Sterbens
– Hinweise zum Leben mit der Trauer für Hinterbliebene (mit einem Exkurs über »Kinder und Tod«)
– Anhang mit hilfreichen Kontaktadressen.

Bücher über Sterben und Tod schreibt man fast immer nach persönlicher Betroffenheit. Meine eigene begann nach dem plötzlichen Tod meines dreijährigen Sohnes vor 17 Jahren. Aus Zeiten des familären Rückzugs in die private Trauer entwickelte sich meine Arbeit in der Begleitung von Trauergesprächskreisen und Gruppen pflegender Angehöriger. Durch die Kontakte mit den Hospizbewegungen in England und Deutschland sowie durch die berufliche Tätigkeit in der gerontopsychiatrischen Fachbegleitung eines Wohlfahrtsverbands erfuhr ich von den unterschiedlichen Lebenslagen und Bedürfnissen kranker Menschen und ihrer Angehörigen direkt in ihrem häuslichen Umfeld. All diese Bausteine – ergänzt durch die dankbaren Erinnerungen an Gespräche mit Betroffenen in Seminaren und nach meinen Vorträgen zu Leidverarbeitung und Sinnsuche – waren die Basis für den vorliegenden Text. Die eingestreuten Abbildungen und Gedichte sollen hierbei Gelegenheit zum Innehalten geben und so die Verarbeitung des Gelesenen erleichtern. Die kommentierten Literaturhinweise jeweils an den Kapitelenden bieten einzelne Vertiefungen an.

Besonders danken möchte ich an dieser Stelle all denen, die mich in der Phase der Konzeption und Abfassung des Texts mit ihrer Kritik und ihren Anregungen unterstützten.

Karin Wilkening

Tod – ein Thema, das uns alle angeht

Seit jeher hat der Tod die Menschen gleichzeitig geängstigt und fasziniert. Dennoch gehörte der Tod früher mehr zum Leben als heute, was sich zum Beispiel daran ablesen läßt, daß die Friedhöfe im Mittelalter bei den Kirchen inmitten der Stadt, nahe dem Rathaus am Marktplatz zu finden waren. Heute müssen wir die Begegnung mit dem Tod wieder bewußt suchen, da er in unserem Alltag kaum mehr vorkommt. Warum ist das so?

Unsere Probleme mit dem Sterben

Demographische Veränderungen

Eine der wichtigsten Veränderungen der letzten 100 Jahre ist die Zunahme der durchschnittlichen Lebenserwartung. Diese hat zum einen ihren Grund in der größeren Langlebigkeit der Menschen, zum anderen in der Abnahme der Säuglingssterblichkeit.

Geringe Kindersterblichkeit, veränderte Krankheitsbilder, wenig Kriege – dies alles verschiebt den Sterbezeitpunkt immer mehr ins hohe Alter. Da die meisten älteren Menschen nicht mehr berufstätig sind und auch im Familienverband keine Aufgabe mehr haben oder vielleicht sogar im Altenheim leben, werden nur die wenigsten mitten aus dem Leben gerissen durch den Tod. Das allmähliche »Absterben« sozialer Bezüge, die zum Teil zwangsweise Aufgabe von immer mehr Rollen innerhalb der Gesellschaft, diesen Rückzug auf Raten, nennt man »sozialen Tod«. Dieser soziale Tod ist oft bereits eingetreten, bevor der biologische Tod stattfindet. Erstmals haben wir in Deutschland eine fast »todesfreie Generation«, die 50 Jahre oder älter werden konnte, ohne jemals dem Tod zu begegnen.

In früheren Jahrhunderten starben fast 80 Prozent aller Menschen an Infektionskrankheiten. Durch die Verbesserung der Lebensbedingungen und der hygienischen Verhältnisse sowie die Entdeckung des Penicillins haben sich die Todesursachenstatistiken drastisch verändert. Fast 80 Prozent aller Deutschen sterben heute an Krankheiten des Kreislaufsystems, Krebs oder degenerativen Alterserkrankungen (z.b. Alzheimer). Bei den plötzlichen Todesarten nehmen Verkehrsunfälle die erste Stelle ein. Die zunehmende Anzahl von aidskranken Menschen stellt eine neue Herausforderung in der Bekämpfung der bereits vergessen geglaubten Infektionskrankheiten dar. Gleichzeitig ist es durch die Hochtechnisierung der Medizin auch gelungen, heute Menschen mit Maschinen am Leben zu erhalten, die früher längst gestorben wären. Während also die Medizin heute mehr Krankheiten als früher bekämpfen kann, ist das Sterben dafür langwieriger geworden und zum Teil von intensiven Schmerzen begleitet.

Eine neue Entwicklung ist die »Rationalisierung des Sterbens«, die in Form der atomaren Bedrohung oder von Umweltkatastrophen die gleichzeitige Tötung vieler Millionen Menschen ermöglicht. Es reicht nicht mehr für den einzelnen, gesund zu leben und persönlichen Gefahren aus dem Weg zu gehen. Manche lähmt der Gedanke an ein nahes Ende der Menschheit, andere läßt er aktiv werden. Die Folge dieser permanenten Todesbedrohung der gesamten Menschheit auf das Verhalten einzelner stellt eine interessante Variable der Zukunft dar.

Neben der Lebenserwartung und den Todesarten haben sich auch die Sterbeorte geändert. Fast 85 Prozent der Bevölkerung in Deutschland, insbesondere in den Städten, stirbt nicht zu Hause, sondern in Institutionen wie Krankenhäusern oder Pflegeheimen. Sie sterben nicht in ihrer vertrauten Umgebung. Die Zunahme der immer größeren Anzahl von Singlehaushalten, die geringere Kinderzahl sowie eine vermehrte Berufstätigkeit der Frauen mit einer damit verbundenen Abnahme potentieller Familienpflegekräfte lassen das Sterben zu Hause immer unwahrscheinlicher werden. Bilder wie die Abbildung 1 gehören

Abbildung 1: »Am Bette eines Sterbenden«,
Angelo Jank, um 1900 (aus: P. Ariès, Bilder zur Geschichte
des Todes. München: Hanser, 1984).

der Vergangenheit an. Zu diesem Bild paßt der Ausspruch:
»Das Leben war früher vielleicht schwerer, aber dafür war das
Sterben leichter.«

Veränderte Einstellungen

Etwa 80 Prozent aller Begräbnisse sind heute sogenannte
Altersbegräbnisse von Menschen über 65 Jahren. Die Tatsache,
daß wir Sterben immer mehr mit Alter verbinden und mit lan-
gem Siechtum, führt dazu, daß wir oft nicht nur die Begegnung

11

mit dem Tod, sondern auch die Begegnung mit den »Todesboten«, den alten Menschen, zu vermeiden versuchen. Wir delegieren das Sterben der alten Menschen an Spezialeinrichtungen wie Pflegeheime oder Krankenhäuser und überlassen sie dort den »Spezialisten«. Dies führt zu einer dauernden Fortschreibung der Spirale von mangelnder Erfahrung, aus der Unsicherheit resultiert, aus der wiederum Angst und Vermeidung von Kontakten entsteht. Je länger wir den Erstkontakt mit dem Sterben hinauszögern, um so mehr Angst haben wir vor diesem Kontakt.

Das Sterben wird zu einem Spezialgebiet der Medizin erklärt. Daß viele Mediziner ihre Hauptaufgabe darin sehen, den Tod zu bekämpfen und daß dies eine starke Motivation für sie war, ihren Beruf zu ergreifen, prädestiniert sie nicht gerade dafür, den Tod anzunehmen und für den einzelnen einfühlsam zu gestalten. Mit der Weiterentwicklung des medizintechnischen Fortschritts sind Krankenhäuser immer mehr professionelle Reparaturbetriebe geworden, in denen der Tod ein unerwünschter »Unglücksfall« ist. Der Sterbende ist ein kaputter Motor, der nicht mehr »flottgemacht werden kann« und für den »Reparateur« nichts, worauf er stolz sein kann. Da ist es nur folgerichtig, daß in Krankenhäusern das Sterben vertuscht werden muß, die Toten oft im Badezimmer abgestellt und durch den Hinterausgang entsorgt werden. Es ist nicht erstaunlich, daß viele von uns sich diese Sichtweise des Todes als die eines unerwünschten Betriebsunfalls zu eigen machen. Das Sterben als natürlicher Bestandteil des Lebens, etwas, das vielleicht sogar gestaltet werden kann, ein wichtiger lebenswerter Teil der eigenen Biographie – eine solche Sichtweise ist für uns eher ungewohnt.

Je lauter der Ruf nach »Menschenwürde« am Sterbebett wird, um so deutlicher wird, daß wir Mediziner und Pflegekräfte mit der Verantwortung der Sterbebegleitung nicht allein lassen dürfen. Wenn ein Arzt sagt: »Ich kann nichts mehr für Sie tun«, dann gibt es noch ganz viel, was *wir alle* für den Kranken oder den Sterbenden und seine Angehörigen bis zum Ende tun können. Der Sterbende muß wieder in den Mittelpunkt rücken, und alle anderen sollten sich im Hintergrund halten.

In unserer Leistungsgesellschaft zählt der, der tüchtig und nützlich ist. Behinderte Menschen, alte und erst recht schwerkranke und sterbende Menschen sind in den Augen vieler zu nichts mehr nütze und fallen nur der Solidargemeinschaft finanziell zur Last. Das Wort von der »Alterslast« wird von vielen ohne Scheu in den Mund genommen, ohne daran zu denken, wie sich diejenigen eigentlich fühlen sollen, die diese »Last« persönlich repräsentieren. In manchen hochzivilisierten Ländern wird ganz offen über Rationalisierungen im Gesundheitswesen gesprochen: Über 65jährige werden dann von der Dialyse ausgeschlossen oder bekommen keinen Termin mehr für eine Herz- oder Hüftoperation. In diesem Klima wundert es nicht, wenn in Deutschland inzwischen trotz der fürchterlichen Erfahrungen im Dritten Reich eine neue Euthanasiediskussion entfacht ist. Ganz offen wird darüber gesprochen, ob man die »Tötung auf Verlangen« als eine Variante der aktiven Sterbehilfe straffrei gestalten sollte, ob man nicht vielleicht sogar lebensverlängernde Maßnahmen auch ohne die ausdrückliche Einwilligung des Betroffenen absetzen kann oder ob man nicht wenigstens die Möglichkeiten zum Selbstmord vereinfachen sollte. Das ganze wird dann propagiert unter der Überschrift »Recht auf den eigenen Tod« und mit vielen dramatischen Beispielen sinnlos lebensverlängernder Maßnahmen an schwerkranken Menschen illustriert. Wer hat da wirklich noch Lust zum Leben, wenn er den Beginn einer Krankheit in sich spürt? Ist es dann nicht wirklich vernünftiger, die Tablette bereits im Nachttisch zu haben zur »Selbsterlösung«? Warum den anderen zur Last fallen und unnötig leiden, wenn es doch so leicht ist, sich »zu entsorgen«? Eine Illustration dieser makabren Ansichten zeigt folgende Glosse aus der Sonntagsbeilage einer Tageszeitung.

Die Reality-Show von Herbert Friedmann

Reporter: Willkommen zur ersten Sudden-Death-Reality-Show. Natürlich bei Ihrem Sender mit viel Schmackes und wenig Geschmack – Reality-TV. Wir befinden uns im Gemeinschaftsraum des Seniorenheims Gnadenruhe in Graupen an der Graupe. Neben mir steht Erwin Sindermann (winkt in die Kamera). Erwin ist vorgestern zweiundsechzig Jahre alt geworden. Herzlichen Glückwunsch, Erwin. Er wurde vor vier Jahren in den Vorruhestand begnadigt und bekam von seinem Sohn Markus vor einem Jahr den Platz im Haus Gnadenruhe geschenkt. Erwin Sindermann erfährt hier eine liebevolle Rundumbetreuung. Was hat ihn also dazu bewogen, sich als erster Kandidat an unserer Sudden-Death-Show zu beteiligen? In wenigen Augenblicken erfahren sie mehr. Bleiben Sie dran. (Werbefee: Sargnagel, Ihr alternativer Partner für die Reise ins Jenseits. Unsere Särge sind mit dem blauen Umweltengel und dem Grünen Punkt ausgezeichnet. Sargnagel, die ökologische Alternative, todsicher.) Reporter: Erwin Sindermann ist unserem Entweder-Oder-Aufruf gefolgt. Erwin will nicht länger die Rentenkasse plündern, die Gesundheitsreform blockieren, die Umwelt verschmutzen. Und er will seinem Sohn Markus nicht länger das wohlverdiente Erbe vorenthalten. Was Erwin Sindermann wirklich will, erfahren Sie nach der Werbung. Wir sehen uns gleich wieder. (Werbefee: die Sechzig überschritten? Genug gelebt! Minimetod wirkt zuverlässig und langanhaltend. Risiken und Nebenwirkungen sind ausgeschlossen. Minimetod, des Sterbens schönste Seite.) Reporter: Erwin Sindermann hat sich für die klassische Methode entschieden – Tod durch Erschießen. Selbstverständlich hat Erwin sich rechtzeitig um einen Organspenderpaß gekümmert. Wollen Sie noch rasch ein paar Grüße loswerden, Herr Sindermann (winkt in die Kamera)? Fein, dann darf ich sie also bitten ... Wauh, ein gelunger Schuß! Ich finde, das ist einen kleinen Applaus wert. Sie sehen, liebe Seniorinnen und Senioren über sechzig, es ist gar nicht so schwer. Wenn sie Erwin Sindermann folgen wollen, schreiben Sie an Reality-TV. Nächste Woche, gleiche Zeit, gleicher Sender. Und nicht vergessen – entweder starrsinnig am Leben kleben oder rechtzeitig Abschied nehmen und den Nachkommen in guter Erinnerung bleiben.

(aus: Hannoversche Allgemeine Zeitung, 13.3.1993)

Doch es gibt auch andere Entwicklungen. Differenzierte Diskussionen zu den Grenzen der modernen Gentechnik, zum Schwangerschaftsabbruch sowie Aktionen zu Problemen des Umweltschutzes zeigen eine zunehmende Sensibilisierung für die Behutsamkeit im Umgang mit dem Leben. Nicht alles, was technisch machbar ist, kann und darf in Zukunft mehr gemacht werden. Das Sterben wird zunehmend nicht nur ein Betätigungsfeld für Mediziner, sondern auch für Philosophen und Sozialethiker. Die Hospizbewegung ist seit über 10 Jahren ein lebendiger Beweis für die Artikulation des Unbehagens im Umgang mit den obengenannten Einstellungen gegenüber Tod und Sterben. Vor allem Menschen aus Heil- und Pflegeberufen sowie engagierte Christen versuchen hier, den Umgang mit Tod und Sterben wieder zu einem natürlichen Teil des Lebens für uns alle zu machen. Da von dieser Bewegung viele Impulse für die Alten- und Krankenpflege, die Medizinerausbildung zur Schmerztherapie sowie eine neue »Kultur des Helfens« im Bereich der Ehrenamtlichkeit ausgehen, folgt eine ausführlichere Darstellung der Grundgedanken in einem eigenen Kapitel. Auch die Thanatologie als noch junger Zweig der Wissenschaft von der Beschäftigung mit dem Tod und die Forschungen zur modernen Schmerztherapie (Palliativmedizin) versuchen in Deutschland, neue Zugänge zum Verständnis der Lebenswelt Sterbender zu gewinnen. Auch in den Medien hört man immer wieder vom Tod. Und immer wieder sind es auch einmal die nicht spektakulären Seiten des Sterbens, die hier einem breiten Publikum nahegebracht werden.

Vergessene Rituale

Rituale sind formalisierte Verhaltensvorschriften mit religiös-kulturellen Wurzeln. Sie können uns zwar in unseren spontanen Bedürfnissen einengen, sie können uns aber auch in unsicheren Situationen, in denen wir noch keine Verhaltensalternativen entwickelt haben, Schutz geben. Rituale ermöglichen einen zeitlich begrenzten, wiederholbaren und damit kontrollierten

Ausdruck von Gefühlen, der gleichzeitig angstreduzierend wirken und die Übernahme neuer Rollen erleichtern kann. Insbesondere in der Begegnung mit dem Tod haben diese Rituale oft die Aufgabe, den einzelnen vor »Tabuverletzungen« zu bewahren und durch symbolische Handlungen eine Art »Kommunikation« mit einer jenseitigen, göttlichen Wirklichkeit herzustellen.

Wer von Ihnen selbst schon einmal getrauert hat, weiß, daß einem in der ersten Zeit nach dem Tod oft tatsächlich nicht nach bunten Kleidern zumute ist und daß man gern dunkle Farben und schwarz trägt. Die vorgeschriebene Trauerkleidung entspricht in diesem Fall also dem tatsächlichen Seelenzustand der Betroffenen. Manche gehen aber auch in einem weißen oder roten Kleid zur Beerdigung, weil sie sagen, mein Mann fand, daß schwarz mir nicht steht. Außenstehende können schlecht beurteilen, ob die Einhaltung eines Rituals mit den momentanen Bedürfnissen übereinstimmt oder ob man es nur schweren Herzens tut, um den Normen anderer zu genügen. Sicher ist, daß heutzutage die Bedeutung vieler Rituale im Zusammenhang mit Tod und Sterben verlorengegangen ist und sie daher insbesondere in Großstädten als nicht mehr zeitgemäße, inhaltsleere Zeremonien abgeschafft wurden. In letzter Zeit ist eine wiedererwachende Sehnsucht nach lebendigen, sinnstiftenden Ritualen als »strukturierten Heilmethoden« zu beobachten, die im günstigsten Fall auch solidaritätsstiftend sein können. Wenn man liest, daß in den letzten dreißig Jahren die durchschnittliche Teilnehmerzahl bei Beerdigungen von 40 auf 10 gesunken ist, dann wäre mehr Solidarität mit den Hinterbliebenen sicher wünschenswert.

Religiöse Rituale, wie etwa die Krankensalbung auf dem Sterbebett oder ein christliches Begräbnis, sind noch vielerorts erhalten geblieben. Wer aber erinnert sich noch, daß man früher zum Beispiel ein Fenster öffnete, wenn jemand gestorben war, damit die Seele des Verstorbenen den Raum verlassen konnte? Uhren wurden angehalten und Spiegel verhängt, da sie als Sitz des Teufels galten und die Seele des Verstorbenen sonst keine

Ruhe finden würde. In ländlichen Gebieten haben sich noch die Rituale der Aufbahrung des Toten zu Hause, die Totenwache durch Freunde und Bekannte, das Abschiednehmen am offenen Sarg oder das Mitgehen bei der Beerdigung durch je ein Mitglied aus einer Hausgemeinschaft erhalten. Auch im Zusammenhang mit Trauer sind uns noch einige Rituale vertraut. Schwarze Kleidung bei der Beerdigung wird noch von vielen getragen, doch wer kennt noch die komplizierten Kleiderordnungen des sogenannten »Abtrauerns« im ersten und zweiten Trauerjahr? Insbesondere in ländlichen, katholischen Gegenden gibt es noch die »Seelenmessen« in der Kirche für die Verstorbenen nach 6 Wochen oder das »Jahresamt« ein Jahr nach dem Todestag.

Interessant ist es, wenn im Zuge des Zusammenwachsens der europäischen Völkergemeinde auch kultische Handlungen aus anderen Kulturen unsere Trauer- und Sterberituale bereichern. So haben es die Teilnehmer einer meiner Trauergruppen als sehr bereichernd empfunden, als eine griechisch-orthodoxe Gesprächskreisteilnehmerin von der Feier ein Jahr nach dem Tod ihres Mannes auf dem Friedhof erzählte. Alle Verwandten trafen sich hierbei am Grab und brachten Speisen und Getränke mit, die dann in fröhlicher Runde am Grabe verzehrt wurden. Dieses gemeinsame Gedenken und das gemeinsame Mahl gaben der Witwe das Gefühl, daß sie mit ihrem Gedenken an den Verstorbenen nicht allein und in der Gemeinschaft der anderen geborgen war. Der griechische Trauertherapeut Jorgos Canacakis (vgl. Literaturhinweis S. 116) hat die griechischen Totenklagen für seine deutschen Trauerseminare nutzbar gemacht. Das intensive Weinen und Klagen der dortigen »Klageweiber« war für einige deutsche Teilnehmer eine Möglichkeit, ihrer verdrängten Trauer nach der Beobachtung eines solchen »Modells« Ausdruck zu verleihen. Hierbei ist anzumerken, daß auch die Beobachterrolle bei einem Ritual, nicht nur dessen aktive Durchführung, bereits entlastend wirken kann.

Die immer größer werdende Anzahl älterer Emigranten in der Bundesrepublik wird an die ambulanten Pflegedienste und die Leiter von Krankenhäusern und Pflegeheimen in Zukunft vermehrt besondere Anforderungen bezüglich der Kenntnis multikultureller Sterbe- und Trauerrituale stellen.

Tod in den Medien und persönliche Todeserfahrungen

Während in der persönlichen Begegnung der Kontakt mit dem Sterben und der Trauer oft verdrängt und vermieden wird, greifen die Medien den Tod in immer wieder anderen, möglichst spektakulären Bildern begierig auf. Es gibt kaum eine Nachrichtensendung ohne Berichte von Terroranschlägen, Natur- und Verkehrskatastrophen, und Nahaufnahmen zeigen uns die blutüberströmten Opfer von allen Seiten. Auch als Titelgeschichte einer Zeitung eignet sich der sorgfältig inszenierte Selbstmord einer bekannten Schauspielerin oder der überraschende Aidstod eines alternden Hollywoodstars.

In Buchgeschäften findet man Bücher über Fragen zur Sterbehilfe und Organtransplantation. Insbesondere die »Esoterik-Ecke« beschäftigt sich mit Möglichkeiten der Wiedergeburt und Anleitungen zur Kontaktaufnahme mit dem Jenseits. Beeindruckende Schilderungen eines physikalisch und physiologisch nur schwer zu definierenden Bewußtseinszustands liefern die Erinnerungen sogenannter ehemals »klinisch Toter«. Es sind dies Menschen, deren Körperfunktionen durch einen schweren Unfall, eine dramatische Erkrankung oder Operation kurzfristig aussetzten, die dann wiederbelebt wurden und mehr oder weniger enttäuscht aus einem für sie mit vielen seltsamen, aber oft angenehmen Sinneseindrücken verbundenen jenseitsgleichen »Nah-Tod-Zustand« in die nüchterne Welt des »Diesseits« zurückgeholt wurden. Diese Berichte haben vielen Menschen die Angst vor dem Sterben genommen.

Das stille, langsame, einsame und manchmal auch innige, alltägliche Sterben geschieht unter Ausschluß der Öffentlichkeit. Vereinzelt gibt es in letzter Zeit auch Versuche, diese sehr persönlichen Seiten des Sterbens in den Medien anzusprechen.

Es gab Interviews mit der bekannten Sterbeforscherin Elisabeth Kübler-Ross, oder es wurden Hospiz-Initiativen bei der Arbeit gezeigt und schwerkranke Menschen über viele Monate hin mit der Kamera bis zum Tod begleitet. Die Auswahl der Einzelfälle wird dabei allerdings oft so einseitig vorgenommen, daß nur schwer ein Eindruck bezüglich der großen individuellen Unterschiede im Sterben entstehen kann.

Auch muß man sich hüten, das Sterben zu verklären. Der Schweizer Dichter Kurt Marti hat in seinem Buch »Leichenreden« (1989) einige Gedichte, die – bei aller »Pietät« – diesen realistischen Aspekt des Sterbens nie außer acht lassen. Hier eines davon:

> dem herrn unserem gott
> hat es ganz und gar nicht gefallen
> daß gustav e. lips
> durch einen verkehrsunfall starb
>
> erstens war er zu jung
> zweitens seiner frau ein zärtlicher mann
> drittens zwei kindern ein lustiger vater
> viertens den freunden ein guter freund
> fünftens erfüllt von vielen ideen
>
> was soll jetzt ohne ihn werden?
> was ist seine frau ohne ihn?
> wer spielt mit seinen kindern?
> wer ersetzt einen freund?
> wer hat die neuen ideen?
>
> dem herrn unserem gott
> hat es ganz und gar nicht gefallen
> daß einige von euch dachten
> es habe ihm solches gefallen
>
> im namen dessen der tote erweckte
> im namen des toten der auferstand:
> wir protestieren gegen den tod von gustav e. lips

Es gibt wunderbare und innige Momente in der Begleitung Sterbender, und dies ist sicherlich auch der Grund, warum sich doch immer wieder Menschen bereitfinden, diese Aufgabe zu übernehmen. Doch Sterben ist und bleibt die größte Aufgabe und der größte Abschied, den jeder von uns für sich selbst erleben wird. Wie alle Abschiede kann dieser Abschied auch bei bester moderner Schmerztherapie nicht ohne seelisches Leid, ohne Abschiedsschmerz, verlaufen. Daher ist es gut, bei allen positiven Berichten über das Sterben auch ein Buch wie das 1994 erschienene Werk von S. B. Nuland »Wie wir sterben« mit sehr realistischen Schilderungen der verschiedenen Todesarten zu lesen. Nichts aber ersetzt die persönlichen Erfahrungen in der Begegnung mit Sterbenden. Erst diese Erfahrungen lassen uns die ganze Fülle der Anforderungen und Möglichkeiten im Angesicht des Todes ahnen. Vielleicht gelingt es uns dann, im Sinne Saint-Exupérys die verrinnende Zeit nicht als etwas zu sehen, »das uns verbraucht oder zerstört, sondern als etwas, das uns vollendet« (aus: »Der kleine Prinz«, 1943)

Das vorliegende Buch will Ihnen Mut machen, diese Begegnung mit dem Sterben zu wagen, und zwar so früh wie möglich in Ihrem Leben. Von dem griechischen Philosophen Seneca stammt der Satz: »Das Sterben muß man das ganze Leben lang lernen.« Erst die Konfrontation mit der eigenen Endlichkeit fordert uns Menschen zum Handeln heraus – in einem unendlichen Leben ohne Tod könnte man alles verschieben und Versäumtes doch noch irgendwann einmal nachholen! Sterben ist das einzige Ereignis in unserem Leben, das sicher auf uns zukommen wird – todsicher. Also fangen Sie doch noch heute an, bewußt *endlich* zu leben durch die Beschäftigung mit dem Tod – vielleicht ist dies dann auch ein Weg, endlich *bewußter zu leben*. Man kann seinem Leben kein »Mehr« an Länge, wohl aber ein »Mehr« an Tiefe geben ...

Eine Anregung zur persönlichen Auseinandersetzung mit Gedanken über Tod und Sterben bietet der nachstehende Fragebogen, den Max Frisch Ende der sechziger Jahre entworfen hat.

1. Haben Sie Angst vor dem Tod und seit welchem Lebensjahr?
2. Was tun Sie dagegen?
3. Haben Sie keine Angst vor dem Tod (weil Sie materialistisch denken, weil Sie nicht materialistisch denken), aber Angst vor dem Sterben?
4. Möchten Sie unsterblich sein?
5. Haben Sie schon einmal gemeint, daß sie sterben, und was ist Ihnen dabei eingefallen:
   a) was sie hinterlassen?
   b) die Weltlage?
   c) eine Landschaft?
   d) daß alles eitel ist?
   e) was ohne Sie nie zustande kommen wird?
   f) die Unordnung in den Schubladen?
6. Wovor haben Sie mehr Angst: daß Sie auf dem Totenbett jemand beschimpfen könnte, der es nicht verdient, oder daß Sie allen verzeihen, die es nicht verdienen?
7. Wenn wieder ein Bekannter gestorben ist: Überrascht es Sie, wie selbstverständlich es Ihnen ist, daß die anderen sterben? Und wenn nicht: Haben Sie dann das Gefühl, daß er Ihnen etwas voraus hat, oder fühlen Sie sich überlegen?
8. Möchten Sie wissen, wie Sterben ist?
9. Wenn Sie sich in bestimmten Umständen den Tod gewünscht haben und wenn es nicht dazu gekommen ist: Finden Sie dann, daß Sie sich geirrt haben, d.h. schätzen Sie infolgedessen die Umstände anders ein?
10. Wem gönnen Sie manchmal Ihren eigenen Tod?
11. Wenn Sie gerade keine Angst haben vor dem Sterben: weil Ihnen dieses Leben gerade lästig ist oder weil Sie gerade den Augenblick genießen?
12. Was stört Sie an Begräbnissen?
13. Wenn Sie jemand bemitleidet oder gehaßt haben und zur Kenntnis nehmen, daß er verstorben ist: Was machen Sie mit Ihrem bisherigen Haß auf seine Person beziehungsweise mit Ihrem Mitleid?
14. Haben Sie Freunde unter den Toten?
15. Wenn Sie einen Toten sehen: Haben Sie den Eindruck, daß Sie diesen Menschen gekannt haben?
16. Haben Sie schon Tote geküßt?
17. Wenn Sie nicht allgemein an Tod denken, sondern an Ihren persön-

lichen Tod: Sind Sie jeweils erschüttert, d.h., tun Sie sich selbst leid, oder denken Sie an Personen, die Ihnen nach Ihrem Hinscheiden leid tun?

18. Möchten Sie lieber mit Bewußtsein sterben oder überrascht werden von einem fallenden Ziegel, von einem Herzschlag, von einer Explosion usw.?
19. Wissen Sie, wo Sie begraben sein möchten?
20. Wenn der Atem aussetzt und der Arzt es bestätigt: Sind Sie sicher, daß man in diesem Augenblick keine Träume mehr hat?
21. Welche Qualen ziehen Sie dem Tod vor?
22. Wenn Sie an ein Reich der Toten (Hades) glauben: Beruhigt Sie die Vorstellung, daß wie uns alle wiedersehen auf Ewigkeit, oder haben Sie deshalb Angst vor dem Tod?
23. Können Sie sich ein leichtes Sterben denken?
24. Wenn Sie jemand lieben: Warum möchten Sie nicht der überlebende Teil sein, sondern das Leid dem anderen überlassen?
25. Wieso weinen Sterbende nie?

✘ Weiterführende Literatur

Ariès, P. (1984): Bilder zur Geschichte des Todes. München: Hanser. – Eines der vielen Bücher des Autors zur Geschichte des Todes in verschiedenen Epochen; reich bebildert.

Beauvoir, S. de (1965): Ein sanfter Tod. Reinbek: Rowohlt. – Die Autorin erlebt den Tod ihrer Mutter als neue Möglichkeit zu einer intensiveren Beziehungsgestaltung. Ein Literaturklassiker.

Heller, K. (Hg., 1994): Kultur des Sterbens. Bedingungen für das Lebensende gestalten. Freiburg: Lambertus. – Antworten auf die Frage nach der »Sterbekultur« der Organisationen und verschiedenen Berufsgruppen, die mit dem Sterben befaßt sind.

Imhof, A. (1992): Leben wir zu lange? Die Zunahme unserer Lebensspanne seit 300 Jahren – und die Folgen. Köln: Böhlau. – Eins der vielen gut lesbaren Bücher des bekannten Berliner Historikers, in dem er die Veränderung unserer heutigen Lebensverhältnisse, unserer »gewonnenen Jahre«, kritisch beleuchtet und fragt, ob wir die Konsequenzen schon umgesetzt haben.

Feldmann, K. (1990): Tod und Gesellschaft. Eine soziologische Betrachtung von Sterben und Tod. Frankfurt: Peter Lang. – Eine ausführliche und kritische Behandlung soziokultureller Aspekte des Sterbens.

Nuland, S. B. (1994): Wie wir sterben: Ein Ende in Würde? München: Kindler. – Ein amerikanischer Arzt schildert ohne Beschönigung die häufigsten Todesarten an Fallbeispielen aus seiner langjährigen Praxis.

Moody, R. A. (1981): Leben nach dem Tod. Hamburg: Reinbek. – Stellvertretend für die vielen Bücher zu außersinnlichen Nahtoderfahrungen von »ins Leben zurückgeholten« Patienten sei dies Buch angeführt.

Tausch-Flammer, D. u. Bickel, L. (1995): Wenn ein Mensch gestorben ist, wie gehen wir mit dem Toten um? Freiburg: Herder. – Neben hilfreichen Anregungen zum individuellen Umgang mit Verstorbenen geht dieses Buch besonders auf die neue Bedeutung und Gestaltbarkeit von Ritualen ein.

Leben mit dem Sterben – was gehört dazu?

Sterbende sind bis zuletzt Lebende und haben von daher bis zuletzt noch dieselben Bedürfnisse, die alle Menschen haben. Dennoch sind manche Ängste und Bedürfnisse intensiver ausgeprägt als bei gesunden Menschen. Die Thanatologie hat sich in den letzten Jahren intensiv mit der Erforschung dieser Bedürfnisse beschäftigt. Bei allen Gesetzmäßigkeiten bleibt jedoch die Achtung vor der Individualität des Sterbenden, für dessen Begleitung es keine Patentrezepte geben kann. Sterbebegleitung ist einerseits schwierig, weil es eine Fülle hilfreicher Einzelinformationen zu integrieren gibt, und andererseits ganz einfach, weil es letztlich darauf ankommt, sich einfach als Mensch ganz auf den Sterbenden und seinen bevorstehenden Tod einzulassen. Welches sind nun die Impulse, die konkreten Hinweise für einen angemessenen Umgang mit den Sterbenden und ihren Angehörigen?

Der Sterbeprozeß

Das lange und das kurze Sterben

Johannes (58) bricht in seinem Büro tot zusammen – Diagnose: Herzinfarkt. Frank (24) hat den Kampf gegen den Tod verloren – er stirbt an Aids. Karin (36) hinterläßt nach ihrem Krebstod 2 kleine Kinder. Jens (17) stirbt auf einer letzten Urlaubsreise an den Folgen seines progressiven Muskelschwunds. Lydia (87) stirbt nach einem erfüllten Leben in den Armen ihrer Tochter. Wenke (6) wird auf dem Schulweg von einem Auto überfahren.

Der Tod hat viele Gesichter. Manche sterben schon im Mutterleib, andere werden nur wenige Wochen oder Monate alt, wieder andere nehmen sich das Leben, und manche werden 100 und noch mehr Jahre alt und fragen: »Hat der Tod mich vergessen?«

Kommt der Tod schnell, so ist es für die Hinterbliebenen oft ein Schock. Es bleibt keine Gelegenheit zum Abschiednehmen, kein letztes liebes Wort, ein viel zu frühes Ende eines gemeinsamen Lebensweges. Andererseits gab es aber auch kein langes Leid und keine aufopfernde, mühsame Pflege auf der Seite der Angehörigen.

Dank des Fortschritts der Medizin ist nicht das kurze, sondern das lange Sterben bei uns der Regelfall. Eine Krebserkrankung kann sich mit immer wiederkehrenden Metastasen und Behandlungen über viele Jahre hinziehen. Auch der Tod durch Kreislauferkrankungen kann durch Bypass-Operationen hinausgezögert werden. Alterserkrankungen wie die Alzheimersche Erkrankung betreffen in ihrem Verlauf nicht nur den Kranken, sondern auch sein Umfeld infolge langjähriger intensiver und anstrengender Pflege. Die Aidserkrankung stellt eine weitere Herausforderung der Pflege im Endstadium dar. Viele dieser langsam verlaufenden Krankheiten werden von starken Schmerzen begleitet. Nur durch die Verabreichung starker Schmerzmittel können sie für die Betroffenen und ihre Angehörigen erträglich gemacht werden. Auf die Möglichkeiten der modernen Schmerztherapie wird im weiteren noch ausführlicher eingegangen.

Wenn im folgenden über Ängste und Bedürfnisse Sterbender gesprochen wird, so sind dies Aussagen, die für verschiedene Krankheitsbilder durch jeweilige Besonderheiten zu ergänzen sind. Wer schnell umfassende Informationen zu speziellen Krankheiten wie Krebs, Aids, Multiple Sklerose oder Alzheimer braucht – um nur einige zu nennen – ist gut beraten, sich an die entsprechenden Selbsthilfeorganisationen zu wenden (vgl. zentrale Kontaktadressen im Anhang).

Wenn auch die Belastungen einer langen Pflege oft an die Grenzen der Angehörigen und professionellen Pflegekräfte gehen, so sind hier doch vielfältige Gelegenheiten zum Abschiednehmen gegeben, und es bleibt das entlastende Gefühl, für einen geliebten Menschen »alles Menschenmögliche« getan zu haben. Die Gelegenheit, durch die Regelung letzter Dinge sei-

nen Angehörigen über den eigenen Tod hinaus Liebe zu bewei-
sen, hat vielen Beziehungen eine besondere Intensität verliehen
und die Trauer erträglicher werden lassen.

»Auch das gesündeste Leben führt zum Tode«. In dieser For-
mulierung wird die Tatsache angesprochen, daß der menschliche Körper in der Gesamtheit seiner Organe so ausgerichtet ist,
daß er bei etwa 120 Jahren sein natürliches biologisches Ende
findet. Diese Tatsache wird dadurch unterstrichen, daß bei sehr
alten Menschen, die angeblich ohne ersichtliche Krankheit starben, sehr viele Organe »angeschlagen« waren und genau dieses
Zusammenwirken vieler kleiner Ausfälle und Abbauerschei-
nungen im Sinne einer »Multimorbidität« schließlich zum Tod
führten.

Oft wird auch die Frage gestellt, wann denn eigentlich das
Sterben beginnt. Da manche Zellen bereits nach der Geburt
sterben, beginnt aus der Sicht der Biologen der Alterungspro-
zeß bereits in jungen Jahren. Wenn wir dann noch die Unter-
scheidungen zwischen »sozialem Tod« und »biologischem
Tod« machen und an schwere chronische Erkrankungen denken, dann gibt es bei den meisten Menschen sogar ein »Sterben
auf Raten«. Ist das erste Auftreten einer Krebswucherung im
Körper bereits der Beginn des Sterbens oder erst der Moment,
in dem der Arzt die Diagnose mitteilt? Da die Frage nach dem
Beginn des Sterbens schwer zu stellen ist, ist es sinnvoller, sich
damit zu beschäftigen, welche besonderen Bedürfnisse im
Angesicht des Sterbens wichtig werden.

Ängste und Bedürfnisse Sterbender

Es wird oft davon gesprochen, daß man einen Menschen um
sein Sterben betrügt, wenn man ihm nicht ehrlich sagt, wie es
um ihn steht. Die »Wahrheit« am Krankenbett ist für Ärzte,
Pflegekräfte und Angehörige jedoch eine heikle Angelegenheit.
Wieviel »verkraftet« der Patient, was will er wirklich von seiner
Krankheit wissen? Wie spreche ich die Fakten aus, damit er sie
richtig versteht? Insbesondere bei Kindern oder alten, verwirr-

ten Menschen ist es besonders schwer, richtig verstanden zu werden und richtig zu verstehen, was sie sagen wollen.

Zum Umgang mit der Wahrheit hat Max Frisch einmal gesagt: »Man sollte dem anderen die Wahrheit wie einen Mantel hinhalten, damit er hineinschlüpfen kann, und sie ihm nicht wie einen nassen Lappen um die Ohren schlagen«. Manchmal wissen der Arzt und die Angehörigen alles, der Patient weiß aber noch gar nichts von seiner Diagnose. Dann wieder ahnt er etwas, aber es wird nicht offen ausgedrückt, oder er fragt die Krankenschwester, die nicht weiß, wieviel sie dem Patienten zumuten kann, und nur ganz selten sprechen alle Beteiligten offen über die Krankheit, den erwarteten Verlauf und alles das, was für den Betroffenen und seine Angehörigen hierbei wichtig sein könnte. Das Problem der Offenheit in der Kommunikation mit dem Sterbenden beschränkt sich nicht nur auf die Mitteilung der Diagnose, sondern sie begleitet ihn bis zum Ende. Nicht jeder läßt sich auf Gespräche über Tod und Sterben gern ein, und so hat mancher Sterbende bereits den Versuch aufgegeben, mit seiner Umwelt über seine wahren Ängste und Bedürfnisse zu sprechen. Oft hört er vielleicht sogar Formulierungen wie »Das wird schon wieder« oder »Bald sind Sie wieder auf den Beinen«. Daß es auch im Umgang mit der Wahrheit kein Patentrezept gibt, zeigt die immer wieder in der Literatur erwähnte Anekdote um den Tod Theodor Storms. Nachdem ihm sein Arzt mitgeteilt hatte, daß er schwer krank sei, war es ihm plötzlich nicht mehr möglich, die Arbeit an seinem begonnenen Roman weiterzuführen. Nachdem die Angehörigen einen anderen Arzt gebeten hatten, die Diagnose als Irrtum darzustellen, griff Theodor Storm wieder zur Feder und vollendete den »Schimmelreiter«. War dies nun der »richtige« Umgang mit der Wahrheit oder nicht?

Eine der ersten, die sich intensiv mit den Bedürfnissen Sterbender befaßten, war die Schweizer Ärztin Elisabeth Kübler-Ross. Ihr Verdienst war es, uns die Auswirkungen der zeitlichen Dimension bei einem langen Sterben, wie zum Beispiel das krebskranker Menschen, vor Augen zu führen. So entstand ein in vielen Büchern zitiertes »Phasenmodell des Sterbens«, dessen Stadien wie folgt aussehen:

1. Leugnen

Der Patient will die Tatsache seines baldigen Sterbens nicht wahrhaben. Die aufkommenden Gedanken lauten: »Das kann doch nicht sein! Die Ärzte haben sich geirrt! Ich bin noch nicht dran!« In dieser Phase werden oft neue Ärzte aufgesucht, um eine andere Diagnose zu erhalten.

2. Wut

Das Leugnen hilft nicht mehr, und nun brechen die Aggressionen aus dem Patienten heraus. Seine Gedanken kreisen um folgende Themen: Warum gerade ich? Warum nicht die anderen? Ich bin doch nicht schlechter als die! Wie kann Gott das zulassen? Besonders für das Umfeld ist es nicht leicht, als Zielscheibe der Aggressionen des Kranken zu dienen.

3. Feilschen und Bilanz ziehen

Dem schrittweisen Sicheinlassen auf das nahe Ende folgt der gleichzeitige Wunsch, noch einige Dinge zu erleben und hinauszuzögern. Manchmal gibt es richtiggehende »Angebote«: »Gut, wenn ich schon sterben soll, dann möchte ich wenigstens noch die Hochzeit meiner Tochter erleben.« Es folgen aber auch Ansätze zu einer Lebensbilanz, etwa mit der Frage: »Was habe ich eigentlich vom Leben gehabt, was habe ich aus meinem Leben gemacht?«

4. Resignation und Depression

Die Depression wird gesehen als eine Reaktion auf vergangene, gegenwärtige und zu erwartende Verluste. Der Kampf wird aufgegeben: »Es hat ja doch alles keinen Sinn mehr!«

5. Akzeptanz

In der letzten Phase hat sich das Gefühlschaos gelegt. Die Gedanken an das nahe Ende haben ihren Schrecken verloren.

»Wenn es denn so sein soll, dann will ich dies alles aus Gottes Hand nehmen. Einmal müssen wir alle sterben. Macht es mir möglichst leicht.«

Anschließend einige kritische Anmerkungen zu obigem Modell. Die von Kübler-Ross beschriebenen Phasen sind nicht so zu verstehen, daß alle Sterbenden sie *unbedingt* und in dieser Reihenfolge durchleben. Viele Sterbende erreichen nie die Phase der Annahme des eigenen Sterbens und kämpfen zumindest nach außen hin bis zuletzt gegen ihren Tod an. Wieder andere sehen schon relativ bald die Konfrontation mit einer tödlichen Diagnose als Chance, ihr Leben von Grund auf zu ändern. Die Beschreibung der Sterbephasen von Kübler-Ross können nicht als ein »Fahrplan« für das »richtige Sterben« gelten. Dazu sind die einzelnen Phasen zu ungenau beschrieben, nicht »wissenschaftlich« im herkömmlichen Sinne untermauert und lassen auch wenig Spielraum für biographische Faktoren und Einflüsse aus dem sozialen Umfeld des Sterbenden. Kübler-Ross selbst hat die Phasen später auch einmal »Zeiten« genannt im Sinne von »Gezeiten«, die im letzten Lebensabschnitt mit wechselnden Stimmungslagen und Gedanken kommen und gehen können. Sie wollte uns zeigen, daß Sterben keine Krankheit, sondern eine Lebensaufgabe ist, in der uns der Sterbende im Sterbevorgang vieles voraus hat, und daß die eigentlich Hilflosen und Lernenden oft die Begleiter sind.

Nach einer in den 80er Jahren durchgeführten Befragung wurden als die Hauptängste Sterbender festgestellt:
– Angst vor dem Alleinsein
– Angst vor Schmerzen
– Angst vor Kontrollverlust.

Diese konkreten Ängste lassen sich noch erweitern: die Angst vor dem Unbekannten des Totseins, die Angst um die Zurückgebliebenen, die Angst vor Erniedrigung, die Angst, seine »Würde« zu verlieren und die Angst vor dem, was nach dem Tod kommt, um nur einige der vielen Ängste zu nennen. Alle diese Ängste sind jedoch auch begleitet von Hoffnung. Auch in allen Phasen von Kübler-Ross bleibt Hoffnung in unterschiedlichster Form. Erst ist es die Hoffnung, daß die Diagnose ein Irrtum ist, dann die Hoffnung, daß vielleicht trotz der Diagnose sich das Sterben noch hinauszögern läßt, dann am Schluß die Hoffnung, daß das Ende, wenn es denn kommt, doch möglichst sanft und schmerzlos kommt, die Hoffnung, daß die Angehörigen gut versorgt sind, und schließlich, ganz am Ende, wenn der Tod dann wirklich nah und schließlich da ist, bleibt die Hoffnung auf ein Leben nach dem Tod.

Sterbesituationen sind besonders intensive Krisen- oder Streßsituationen. So unterschiedlich wie sich Menschen auch sonst in Streßsituationen verhalten, so unterschiedlich verhalten sie sich auch im Sterben. Wenn wir das Sterben vergleichen mit einer Straßensperre auf unserem Lebensweg, so gibt es Verhaltensweisen ähnlich wie im Verkehr: Manchem fällt die Sperrung gar nicht auf, und er rast mit vollem Tempo hinein; andere versuchen, einen Umweg zu finden. Wieder andere bleiben einfach stehen und gehen weder vor noch zurück wieder andere versuchen, eine völlig neue Richtung einzuschlagen. Ob die Tatsache unseres nahen Sterbens uns vor Schreck lähmt oder uns dazu bringt, unser ganzes Leben, soweit es geht, noch einmal umzukrempeln, oder ob wir uns dem Tod zögerlich nähern, jedoch nur allmählich das Geschehene verarbeiten, äußern und den Kontakt mit anderen gestalten können – dies alles hängt von sehr vielen Faktoren ab. Da Sterbende bis zum Schluß Lebende sind, verläuft ihr Sterben auch so unterschiedlich, wie ihr Leben verlief.

In Rilkes Stundenbuch heißt es: »Oh Herr, gib jedem *seinen eigenen Tod*. Das Sterben, das aus jenem Leben geht, darin er Liebe hatte, Sinn und Not.« Sich mit der eigenen Endlichkeit auseinanderzusetzen und seinen individuellen Tod so weit wie möglich zu gestalten, sind die positiven Dimensionen des Sterbens. Verdrängungsprozesse können dabei nur vorübergehend hilfreich sein. Sie sind sinnvoll, wenn sie uns helfen, Zeit zu gewinnen, in der wir Kraft schöpfen können. Letztlich wird so aber Energie in die Vermeidung von Aufgaben investiert, deren Bearbeitung eigentlich als unsere letzte, große Lebensbestimmung ansteht. Der Ausdruck »Aufgabe« beinhaltet dabei, daß die Auseinandersetzung mit diesen Aufgaben nicht automatisch erfolgt. Wir können entscheiden, wann wir diese Aufgaben in Angriff nehmen wollen, in welcher Reihenfolge wir dies tun möchten, wie lange wir uns den einzelnen Aufgaben widmen wollen und wann wir eine Aufgabe für beendet erklären. Wenn uns die Gnade eines langsamen, vorbereiteten Sterbens gewährt wird, so ist diese Möglichkeit der individuellen Wahl der Gestaltung die letzte große Freiheit unserer Persönlichkeitsentwicklung. Im Psalm 90 des Alten Testaments heißt es dazu: »Herr, lehre uns bedenken, daß wir sterben müssen, auf daß wir klug werden.«

Es ist immer schwierig, menschliches Leben in seiner Bedürfnisvielfalt auf einzelne, wenige Dimensionen zu reduzieren. Diese Dimensionen können im Sinne der Ganzheitlichkeit des Menschen auch nicht unabhängig von einander betrachtet werden. Dennoch soll im folgenden eine schwerpunktmäßige Aufteilung in die vier Aspekte der körperlichen, psychologischen, sozialen und spirituellen Bedürfnisse vorgenommen werden.

Körperliche Dimension

Die Angst vor Schmerzen ist eine der Hauptängste Sterbender. Wer vor Schmerzen fast wahnsinnig wird, hat kaum Gelegenheit, sich anderen Bereichen zu widmen. Daher ist für die Inangriffnahme der weiteren nachstehenden Aufgaben die Befriedigung körperlicher Grundbedürfnisse eine unabdingbare Voraussetzung. Schmerzfrei sein, Appetit haben, essen, trinken und verdauen können, eine angenehme Temperatur um sich haben – dies alles sind Zustände, auf die eine gute, intensive körperliche Pflege abzielen sollte. Dabei verändern sich die körperlichen Bedürfnisse von Tag zu Tag. Manchmal sind es Kleinigkeiten, die den Alltag angenehm machen. Auf die Bitte eines Schwerkranken nach einem Stück Torte oder einem

Schnaps zu antworten »Das bekommt Ihnen als Diabetiker doch nicht« oder »Alkohol dürfen wir hier nicht ausschenken« sind in diesem Fall wohl nicht die richtigen Antworten. Auch eher kosmetische Bedürfnisse wie der Wunsch nach einer Haarwäsche, einer Massage oder einer Maniküre sind kein Zeichen von Eitelkeit, sondern einfach eine Frage der Lebensqualität, die wir auch Sterbenden zugestehen sollten. Ein Sterbender in einem englischen Hospiz hat zu mir einmal gesagt: »Man stirbt doch schließlich nicht 24 Stunden am Tag!« Vielleicht hat er damit die »todernste« Stimmung gemeint, mit der manche Menschen glauben, sich Sterbenden nähern zu müssen. Er wäre vielleicht erschrocken, wenn er das laute Lachen der als Trolle verkleideten Kinder bei einer Karnevalsfeier in einem finnischen Hospiz gehört hätte.

Gerade für bettlägerige Menschen ist es gar nicht so einfach, bis zuletzt mit ausreichend intensiven Sinnesanregungen versorgt zu werden. Welche Bilder hängen an der Wand? Wie ist der Blick aus dem Fenster? Was riechen wir im Zimmer – Blumen, Kaffee oder nur noch das Desinfektionsmittel? Gibt es nur noch technische Geräusche oder auch Musik? Wer berührt den Kranken und wie? Dies alles gehört zur Lebensqualität für Sterbende.

Psychologische Dimension

Gerade kranke Menschen haben Angst, die Kontrolle über sich und ihren Körper zu verlieren. Sie wollen so lange wie möglich selbständig bleiben. Diese Selbständigkeit vermittelt ihnen ein Gefühl der Sicherheit auch in einer Situation, in der so vieles unsicher scheint. Gerade auch im medizinischen Bereich ist die Offenheit über die Folgen verschiedener Behandlungsschritte ein wichtiger Kontrollfaktor für den Patienten. Sicherheit bedeutet aber auch, Ängste aussprechen dürfen. Das Ausfüllen einer Patientenverfügung (vgl. »wichtige Begriffe« S. 64ff.) ist eine weitere Möglichkeit, Unsicherheiten für den Patienten zu reduzieren. Die obengenannte Erfüllung körperlicher Bedürfnisse erhöht auch das psychische Wohlbefinden und lindert seelische Schmerzen. Sterbende müssen lernen, von vielem Abschied zu nehmen und Unerledigtes zu einem wie auch immer gearteten Abschluß zu bringen. Es gilt, die Wahrheit anzunehmen und sich mit der eigenen Endlichkeit auseinanderzusetzen.

Soziale Dimension

Auch Sterbende wollen sich von anderen geachtet fühlen. Sie möchten nicht an den Rand geschoben und isoliert werden, das heißt den »sozialen Tod« sterben, bevor sie körperlich tot sind. Von vertrauten Menschen umgeben zu sein, ist auch im Sterben wichtig. Hierbei erhält die Sprache oft eine andere Ausdrucksqualität. Sterbende sprechen häufig in Symbolen, um die tatsächliche Gesprächsbereitschaft ihres Gegenübers zu prüfen. Sie wollen anderen nicht zur Last fallen, sind auf Kontakte angewiesen und müssen doch das Abschiednehmen lernen. Diese Balance zwischen dem Wunsch nach großer Nähe einerseits und der Notwendigkeit zum Loslassen und Losgelassenwerden andererseits ist eine schwierige soziale Aufgabe in der letzten Lebensphase. Da das Sterben in Institutionen oft nur wenig Raum bietet für Nähe und Intimität mit Angehörigen, könnte ein Schild »Bitte nicht stören« an der Tür des Krankenzimmers vielleicht ein Weg sein, zumindest zeitweise diesen Abschied in etwas mehr »Privatheit« zu leben.

Spirituelle Dimension

Welchen Sinn hatte eigentlich mein Leben? Habe ich es so gelebt, wie ich es wollte? Was kommt nach dem Tod? Solche und ähnliche Fragen bewegen den Sterbenden. Im Lebensrückblick können noch einmal viele positive Erinnerungen zum Leben erweckt werden und so ein Gefühl der Dankbarkeit für das Erlebte begünstigen. Auch Schuldgefühle und Reue über vergangene »Sünden oder Unterlassungen« haben hier Raum und können, wenn der Kranke es wünscht, auch mit einem Pfarrer angesprochen werden. Manche haben ein Bedürfnis nach letzten kirchlichen Ritualen der Krankensalbung, einem gemeinsamen

Abendmahl oder der Beichte. Gebete geben vielen Sicherheit und Hoffnung, wie sie der Dichter Rainer Maria Rilke in folgendem Gedicht ausgedrückt hat:

> Die Blätter fallen, fallen wie von weit
> als welkten in den Himmeln ferne Gärten;
> sie fallen mit verneinender Gebärde.
> Und in den Nächten fällt die schwere Erde
> aus allen Sternen in die Einsamkeit.
> Wir alle fallen. Diese Hand da fällt.
> Und sieh dir andere an: es ist in allen.
> Und doch ist einer, der dies Fallen
> unendlich sanft in seinen Händen hält.

Es stellt sich die Frage, wo die besten Möglichkeiten zur Verwirklichung dieser Aufgaben gegeben sind. Fast 85 Prozent aller Menschen sterben in Institutionen, doch fast ebenso viele möchten am liebsten zu Hause sterben. Zu Hause – das ist ein Synonym für Sterben in vertrauter Umgebung – Sterben da, wo man gelebt hat. Hier ist die beste Gelegenheit zur Verwirklichung individueller Todesgestaltung. Die Nachteile einer vielleicht nicht ganz so professionellen Pflege oder ärztlichen Rundumversorgung werden dabei aufgewogen. Die Entscheidung, wo man sterben möchte, muß jedem selbst überlassen bleiben. Den »idealen Sterbeort« gibt es ebenso wenig wie den »idealen Sterbezeitpunkt«. Bei der Wahl des Sterbeorts spielen dabei neben der Frage *»Was kann ich selbst ertragen?«* auch die Fragen *»Was mute ich anderen zu?«* und letzlich *»Was kann ich mir finanziell leisten?«* eine wichtige, immer wieder neu zu bedenkende Rolle.

Die vielen Gesichter des Schmerzes

Es gibt akute Schmerzen und chronische Schmerzen. Akute Schmerzen sind ein positives Signal unseres Körpers, um uns auf eine Erkrankung aufmerksam zu machen. Viele chronische

Erkrankungen wie Gicht, Migräne oder Arthrosen sind von starken, immer wiederkehrenden Schmerzen begleitet, die letzlich keine positive Funktion für den Körper mehr erfüllen. Früher konnten solche Schmerzen entweder gar nicht oder nur mit starken opiathaltigen Schmerzmitteln bekämpft werden, die dem Kranken oft das Bewußtsein nahmen und ihn vor sich hindämmern ließen. Diese Mittel konnten nur von Ärzten oder geschulten Pflegekräften verabreicht werden und hatten darüber hinaus oft auch noch unangenehme Begleiterscheinungen wie Übelkeit oder Verstopfung. Durch die Weiterentwicklung der modernen Schmerztherapie, insbesondere in den angelsächsischen Hospizeinrichtungen, sind große Fortschritte bezüglich der Schmerzbekämpfung erzielt worden. Besonders wichtig ist hiebei die Möglichkeit der oralen Einnahme der Schmerzmittel. So können sie auch zu Hause von Angehörigen und Betroffenen selbst eingeteilt werden. Wenn man sich dabei an ein bestimmtes ärztlich verordnetes, regelmäßiges Einnahmeschema hält, können die Schmerzen nicht nur beseitigt werden, sondern kann ihr Wiederauftreten weitgehendst vermieden werden. Der positive Nebeneffekt ist, daß man so mit einer geringeren Dosis über lange Zeit weitgehende Schmerzfreiheit erreichen kann und gleichzeitig der Kranke bei Bewußtsein und mit seiner Umgebung in Kontakt bleiben kann. Diese revolutionären Veränderungen haben es überhaupt erst möglich gemacht, auch Sterbende mit starken Schmerzen zu Hause zu begleiten.

Schmerzen sind nicht nur ein körperliches Problem. Auch wer mit Medikamenten gut versorgt ist, kann, wie wir an den oben erwähnten Aufgaben gesehen haben, noch an den unerledigten sozialen, psychischen oder spirituellen Aufgaben leiden. Daher sollte Schmerzbehandlung immer ganzheitlich geschehen. Eine hilfreiche Unterscheidung ist diejenige zwischen Leid und Leiden. *Leiden* ist dabei gleichbedeutend mit körperlichen Schmerzen. Diese körperlichen Schmerzen weitgehend durch Medikamente auszuschließen, ist die Basis der medizinischen Schmerzbekämpfung. Was weiterhin bleibt, sind andere Formen von geistig-seelischem *Leid* im Zuge des Abschiednehmens von dieser Welt. Manches läßt sich dabei regeln durch liebevolle Begleitung, durch Möglichkeiten der Selbstverwirklichung und Akzeptanz des Unvermeidlichen sowie Vorsorge für die Hinterbliebenen. Noch gibt es kein leidfreies Sterben. Sterben heißt Abschiednehmen, und Abschiednehmen tut weh. Wenn alle Mittel der medizinischen und psychosozialen Schmerzbegleitung ausgeschöpft sind, dann bleibt dem Begleiter nur das Aushalten, das Mitgehen im Leid. Diese »schmerzlindernde« Wirkung menschlicher Nähe hat Wilhelm Wilms in einem Gedichtanfang mit folgenden Worten treffend formuliert:

> »wußten sie schon,
> daß die Nähe eines Menschen
> gesund machen,
> krank machen,
> tot und lebendig machen kann ...

> (aus: Der geerdete Himmel.
> In: Wiederbelebungsversuche, 1977)

Leider ist nach den Ergebnissen einer internationalen Untersuchung Deutschland in bezug auf die Realisierung der modernen Schmerztherapie in Europa immer noch ein Entwicklungsland. Zur Verschreibung der oralen Morphine als hochwirksame Schmerzmedikamente braucht ein Arzt besondere Betäubungsmittelrezepte, die er beim Bundesgesundheitsamt anfordern muß und deren Ausfüllen strengen Vorschriften unterliegt. Weniger als die Hälfte aller niedergelassenen Ärzte sind derzeit im Besitz solcher speziellen Rezeptblöcke. Was könnten die Gründe hierfür sein? Haben Ärzte Angst, ihre Patienten »süchtig zu machen«? Oder haben aber die Patienten selbst Angst vor starken Medikamenten, weil sie Bewußtlosigkeit und Kontrollverlust fürchten? Die im letzten Jahr gegründete »Deutsche Gesellschaft für Palliativmedizin« will – in Übereinstimmung mit den Hospizinitiativen – hier vermehrt Aufklärung über die Segnungen der modernen Schmerztherapie vornehmen. Bereits jetzt gibt es gute Infobroschüren hierzu von verschiedenen

Pharmafirmen (vgl. Adressen im Anhang) und in jeder größeren Stadt Schmerzambulanzen, die Ärzte und Betroffene ausführlich beraten.

Befragungen haben ergeben, daß das Erlebnis einer guten Schmerztherapie bei vielen Angehörigen die anschließende Trauer nach dem Tod problemloser verlaufen ließ. Auch der Wunsch nach vorzeitiger Lebensbeendigung hat oft seinen Grund in unerträglichen Schmerzen. Daher ist eine gut durchgeführte Schmerztherapie die beste Euthanasie- und Suizidprophylaxe.

✘ Weiterführende Literatur

Kübler-Ross, E. (1990): Verstehen, was Sterbende sagen wollen. Einführung in ihre symbolische Sprache. Gütersloh: Mohn.

Kübler-Ross, E. (1987): Interviews mit Sterbenden. Stuttgart: Kreuz. – Die Sterbeforscherin entwickelt ihr Phasenmodell an Hand von Fallschilderungen.

Rest, F. (1991): Den Sterbenden beistehen. Wegweiser für die Lebenden. Heidelberg: Quelle & Meyer. – Über die Anknüpfung eigener Erfahrungen ensteht ein Zugang zum Verständnis der Bedürfnisse Sterbender.

Schuchardt, E. (1993): Warum gerade ich? Leiden und Glaube. Göttingen: Vandenhoeck. & Ruprecht. – Neben einer eher theoriegeleiteten Einführung zu Fragen der Leidverarbeitung ist dies Buch vor allem ein Nachschlagewerk mit über 1000 gut geordneten Biographien von Betroffenen und Helfern mit ganz speziellen Leiderfahrungen wie Krankheit, Behinderung und Gefangenschaft.

Schweidtmann, W. (1991): Sterbebegleitung. Menschliche Nähe am Krankenbett. Stuttgart: Kreuz. – Fallbeispiele illustrieren hilfreiche Kommunikation mit Sterbenden (mit umfangreicher Literatur).

Tausch-Flammer, D. (1993) Stebenden nahe sein – was können wir noch tun? Freiburg: Herder. – Ein Buch mit vielen Fallbeispielen aus der Erfahrung mit der Situation Sterbender und ihrer Begleiter.

Tolstoi, L. (1992) Der Tod des Ivan Iljitsch. Berlin: ATV. – Eine der literarisch eindrucksvollsten Schilderungen eines Sterbenden, der merkt, wie sich im langsamen Sterben von Beziehungen der soziale Tod lange vor seinem eigentlichen biologischen Tod vollzieht.

Pera, H. (1995): Sterbende verstehen. Freiburg: Herder. – Umgang mit
den seelsorgerlichen Dimensionen des Sterbens.

Wander, M. (1980): Leben wär' eine prima Alternative. Darmstadt:
Luchterhand. – Die Aufzeichnungen einer Krebskranken.

Zielinski, H. R. (1988): Wo Schmerzen ihre Schrecken verlieren. Ein
Modell der Palliativen Therapie. Mainz: Grünewald. – Eines der ersten Bücher zur ganzheitlichen Schmerzbehandlung.

Mitgehen bis zum Ende

Aufgaben der Begleitung

Untersuchungen in amerikanischen und deutschen Krankenhäusern haben ergeben, daß Pflegekräfte viel länger Zeit brauchen, nach dem Klingeln das Zimmer eines Patienten zu betre-
ten, wenn dieser Patient ein Sterbender ist. Auch der Verbleib
im Zimmer des Sterbenden ist bei den Pflegekräften kürzer als
in den Zimmern der weniger kranken Patienten. Dies ist wieder
ein Beispiel für die Verdrängung des Todes sogar bei denen, die
wir doch gemeinhin als »Spezialisten« für diese Aufgabe ansehen. In der Begleitung Sterbender gibt es eigentlich keine »Ex-
perten«. Es gibt fachliches Wissen als Krankenschwester, Arzt
oder Pfarrer, das in der Begleitung hilfreich sein kann, doch
letztlich hängt jede Begleitung davon ab, wie sehr ich mich persönlich auf das Sterben des anderen einlassen kann. Gerade
dann, wenn im engeren Sinn »fachlich« nur noch wenig zu tun
ist, bleibt das Bedürfnis nach »menschlicher« Zuwendung, das
der Theologe Friedrich Karl Barth einmal in einem Gedichtanfang beschrieben hat mit den Worten: »Wenn es soweit sein
wird mit mir, brauche ich den Engel in dir ...« (aus: F. K. Barth
u. P. Horst: Uns allen blüht der Tod, ein Fest für die Lebenden.
Frankfurt 1979).

Die Fragen: »Was würde ich wollen, wenn ich sterben müßte?« oder »Wenn ich die Diagnose Krebs hätte, wie würde ich
meine nächsten Tage gestalten?« sind hier hilfreich. Ein Nach-
denken über solche Fragen ermöglicht uns einen Zugang zur

Welt des Sterbenden. Wenn wir uns noch einmal die Hauptängste Sterbender ansehen, ergeben sich daraus auch die Hauptaufgaben der Begleitung. Die Angst vor Schmerzen erfordert Hilfe in der Schmerzbewältigung. Der Angst vor Kontrollverlust können wir begegnen, indem wir dem Patienten Sicherheit vermitteln. Die Angst vor dem Alleinsein bedeutet für uns Dasein, wenn der Kranke uns braucht. Das Erkennen der einzelnen Bedürfnisse wiederum gelingt nur, wenn man genau hinhört, was der Sterbende eigentlich braucht. Ein schönes Bild zur Veranschaulichung des Begriffs der »Sterbebegleitung« ist das eines Orchesters. Der Sterbende ist hierbei der Solist, und die Begleiter sind das Orchester, die den Solisten begleiten. Er steht im Vordergrund, und er bestimmt das Tempo. Dies ist auch der Unterschied zur »Sterbehilfe«. Ein Helfender ist dem Hilfeempfänger immer überlegen, er gibt die Richtung an.

Die Begleitung auf der Suche nach dem »eigenen Tod«, wie Rilke ihn nannte, ist das eigentliche Ziel der Sterbebegleitung. Dabei hat der Sterbende mehr Freiheiten als der Begleiter. Manchmal muß der Begleiter sogar damit rechnen, abgelehnt zu werden. Wenn es geht, sucht sich der Sterbende seinen Begleiter selbst aus. Manchmal können auch für die verschiedenen oben genannten Aufgabenbereiche unterschiedliche Menschen als Begleiter für den Sterbenden hilfreich sein. Dabei darf nicht vergessen werden, daß insbesondere enge Angehörige auch »Betroffene« sind und durch die Trauer mitleiden und selbst Begleitung brauchen, wie im nächsten Abschnitt noch deutlich wird. Nur mit rechtzeitiger zusätzlicher Unterstützung ist für sie eine längere Pflege zu verkraften. Vier Punkte sind dabei für jeden Begleiter wichtig:

Auseinandersetzung mit der eigenen Sterblichkeit
Nur wer auch eigene Trauer und Verluste anzunehmen bereit ist, kann sich in die große Aufgabe des Abschiednehmens des Sterbenden einfühlen. Kein Begleiter ist bereits selbst gestorben, und daher weiß niemand, wie man »richtig« stirbt. Sterbebegleitung kann nie bedeuten, dem anderen im Sterben vor-

anzugehen. Es kann nur bedeuten – wie in allen Vorbereitungs-kursen zur Sterbebegleitung immer wieder thematisiert – der Auseinandersetzung mit der eigenen Endlichkeit besondere Aufmerksamkeit zu widmen. Im Abschnitt »Vorbereitungs-kurse für Hospizhelfer« wird auf eine solche Übung, eine »Sterbemeditation« näher eingegangen.

Mut zur Beziehung
Wer vom Tod gezeichnet ist, erlebt oft, daß andere Menschen sich zurückziehen. Oft werden zum Beispiel Krebskranke, so-genannte »Aus-Therapierte«, zum Sterben nach Hause ge-schickt. Sie sind für die Medizin »uninteressant« geworden. Dabei ist es für den Patienten schwer, aus dieser »Nichtmach-barkeit« im medizinischen Bereich gleichzeitig die große Bandbreite des Möglichen und »Machbaren« für eine noch verbleibende individuelle Lebens- und Sterbegestaltung her-auszuhören. Die Arbeit psychosozialer Krebsberatungsstellen, Selbsthilfegruppen und Hospizinitiativen sowie Erfolge »alter-nativer« Therapien haben gezeigt, welchen Einfluß das subjek-tive Wohlbefinden des Kranken und seiner Angehörigen auf sein Immunsystem und seine Krankheitsbewältigung – nicht nur im Sterbeprozeß – haben kann.

Viele Besucher am Krankenbett fühlen sich hilflos, wissen nicht, was sie dem Kranken sagen sollen, und kommen deswe-gen nicht mehr. Andere wollen vielleicht den »Gesunden« im Gedächtnis behalten und fürchten sich vor dem Anblick körper-lichen Verfalls. Aber auch der Sterbende selbst hat Angst, auf andere abstoßend zu wirken. Von Pflegekräften in Altenheimen habe ich manchmal den bitteren Satz gehört: »Das lohnt sich doch gar nicht mehr, Kontakt aufzunehmen. In ein paar Tagen sterben sie ja doch«.

Die Verwendung von Symbolen beim Gespräch ermöglicht dem Sterbenden, vorsichtig zu prüfen, inwieweit sich sein Ge-genüber auf das Thema Sterben einlassen kann. So wird etwa von den Vorbereitungen einer großen »Reise« gesprochen, nach dem »Koffer« gefragt oder ob noch genügend »Geld« im

Hause ist. Manchmal werden auch Sorgen geäußert, ob man mit den »Kohlen« noch über den Winter kommt. Hier ist es dann vielleicht besser zu antworten: »Sie möchten wohl alles bereit haben«, als einfach nur zu antworten: »Sie brauchen doch jetzt keinen Koffer (oder keine Kohlen) mehr.« Manche Kranke – insbesondere Kinder – versuchen auch, über nonverbale Symbole in Zeichnungen ihre Gefühle auszudrücken.

Auch wenn der Sterbende nicht mehr sprechen kann, ist auf nichtsprachlichen Wegen Kommunikation möglich. Blicke, Gesten, Berührungen, unsere Körperhaltung, der Tonfall unserer Stimme – dies alles sind Möglichkeiten, auch ohne ein Verständnis von Worten – manchmal nur durch geduldiges Zuhören – einem anderen Menschen das Gefühl von Geborgenheit und Wertschätzung zu geben. Sterbende hören noch sehr lange etwas, deswegen sollte man in ihrer Gegenwart, auch wenn man keine Reaktion mehr von ihnen spürt oder glaubt, daß sie schlafen, immer so sprechen, als wenn sie einen hören könnten. Das Beispiel der scheinbar bewußtlosen Frau, an deren Sterbebett sich die Angehörigen bereits darüber unterhielten, wie man wohl den kostbaren Ring vom Finger bekäme, und die nachher erstaunt waren, als bei ihrer Rückkehr vom Mittagstisch der Ring abgestreift auf der Bettdecke lag, sei hier eine Warnung!

Masken ablegen

Oft verstecken wir uns in der Begegnung mit Sterbenden hinter Masken. Heißt es nicht auch: Der Tod reißt uns die Maske vom Gesicht? Beim Begleiter ist es vielleicht die Maske der geschäftigen Krankenpflege, oder es ist die Maske der fürsorglichen Tochter, die sich immer mit dem Aufräumen des Nachttischchens beschäftigt, oder der Ehefrau, die lieber die Wäsche wechselt und das Zimmer saubermacht anstatt sich auf ein Gespräch einzulassen. Sterbende brauchen Einfühlungsvermögen und Wertschätzung, sie wollen aber auch spüren, daß wir »echt« sind. Denn nur wenn unsere Gefühle ihnen gegenüber aufrichtig sind, haben auch sie Gelegenheit, ihre Ängste und Sorgen loszuwerden. Beziehung herstellen heißt nicht, einen

Menschen fest umklammern. Ihnen sind bestimmt Erzählungen bekannt, in denen Sterbende noch mit letzter Kraft auf das Eintreffen eines lieben Menschen warteten und just dann verstarben, als dieser erwartete Mensch zur Tür hereintrat. Es gibt aber auch genau den umgekehrten Fall, daß jemand sehr liebevoll von seinen Angehörigen versorgt wird und eben in dem Moment stirbt, in dem die Angehörigen einmal kurz vor der Tür waren. Vielleicht war es dann genau dieser Moment, den sich der Sterbende gesucht hat, um zu gehen. Vielleicht hatte er sonst Angst, nicht losgelassen zu werden ...

Individuelle Bedürfnisse des Sterbenden erkennen
Im Vordergrund jedes Sterbebeistands steht die Verwirklichung der jeweils individuellen Todesgestaltung des Kranken. Es sind *seine* Aufgaben, die er im Angesicht des Todes lösen muß. Der Sterbende bestimmt, *welche* Aufgaben er *wann* in Angriff nehmen will. Wenn wir von diesen Aufgaben wissen, dann können wir bei der Erfüllung einer Aufgabe im Sinne des Sterbenden hilfreich sein. Vielleicht möchte er noch mit jemandem sprechen, noch letzte finanzielle Dinge regeln, jemandem etwas schenken oder einfach nur noch einmal einen Spaziergang durch den nahegelegenen Park, vielleicht im Rollstuhl, unternehmen. Begleiter haben oft Vorstellungen davon, wie das »ideale Sterben« aussehen könnte. Auch die eingangs erwähnten Sterbephasen von Kübler-Ross sind nicht schuldlos an solchen Vorstellungen eines »richtigen« Sterbens. Doch manche Menschen haben nie gelernt, über ihre Gefühle zu sprechen, und so wird es ihnen auch im Sterben nicht leichtfallen, sich über ihre Ängste zu äußern. Der Sterbende bleibt meist die Persönlichkeit, die er immer war. Man sollte sie weder umerziehen wollen noch gar eine »Missionierung« auf dem Totenbett vornehmen.

Die Teilnahme an einem Hospizhelferkurs sowie die Lektüre spezieller Bücher zur Sterbebegleitung können hilfreich sein, wenn tatsächlich die Frage einer häuslichen Sterbebegleitung ansteht. Auch auf die generelle Frage, inwieweit eine Begleitung zu Hause möglich ist, muß hierbei in einer Absprache zwischen dem Sterbendem und seinen Begleitern eingegangen werden. In den nachfolgenden Ausführungen zur Hospizbewegung sowie den »praktischen Hinweisen« finden Sie hierzu weitere Informationen und Entscheidungshilfen.

Probleme pflegender Angehöriger

Belastungsfaktoren

Etwa 80 Prozent aller Pflegebedürftigen in Deutschland werden zu Hause gepflegt, auch wenn viele in den letzten Tagen dann doch noch zum Sterben in ein Krankenhaus oder Pflegeheim eingewiesen werden. Die meisten Pflegenden sind Frauen, über 50 Prozent von ihnen sind bereits 65 Jahre und älter. Wenn ein enger Familienangehöriger die Diagnose einer tödlich verlaufenden Krankheit bekommt, so leidet nicht nur er, sondern oft die ganze Familie mit. Hierbei stellt zumeist die Länge der Pflege die eigentliche Belastung dar. Unter »Angehörige« sind im folgenden immer alle Menschen gemeint, die dem Kranken »angehören«, also auch enge Freunde und Nachbarn.

Um bei den von Frau Kübler-Ross postulierten Phasen zu bleiben, könnte man sagen, daß diese beim Sterbenden und seinen Angehörigen oft nicht synchron verlaufen. So kann der Sterbende etwa bereits in einem Stadium der Depression oder Resignation sein, während vielleicht der Angehörige noch gar nicht wahrhaben will, was da geschehen ist oder gerade seine Wut über das bevorstehende Schicksal äußert. Oder der Sterbende hat bereits seinen Tod akzeptiert und will sich mit Fragen nach dem Jenseits beschäftigen, während der pflegende Angehörige noch bei den ganz realen Problemen der pflegerischen Versorgung im Endstadium ist oder nicht wagt nachzufragen, was eigentlich aus ihm nach dem Tod des Betroffenen werden soll. Der Sterbende muß von seinem Leben Abschied nehmen, der Angehörige vom Sterbenden. Beide sind Trauernde, doch ihre Trauerarbeit kann unterschiedlich weit vorangeschritten sein. Vielleicht ist dies der Grund, warum für Sterbende insbesondere die Kommunikation mit nahen Angehörigen im Angesicht des Todes oft so schwierig ist.

Ich habe selbst in den Gesprächskreisen für Verwitwete erlebt, wie wohltuend es für den späteren Trauerverlauf der Hinterbliebenen nach dem Tod des Kranken war, wenn zuvor in Offenheit über die bevorstehenden Probleme gesprochen worden war. Insbesondere bei langwierig verlaufenden hirnorganischen Erkrankungen, in denen geistige Verwirrung und Persönlichkeitsveränderungen eintreten, sind Pflegende besonders belastet und können in den vielen Jahren der Pflege verschiedenen Phasen durchlaufen: Das Stadium der »Verleugnung« führt zunächst zu einem Überengagement in der Pflege im Glauben, die Krankheit damit weniger »sichtbar« zu machen. Oft isolieren sie sich damit immer mehr von ihrem Umfeld, da sie kaum mehr Zeit haben für persönliche Kontakte. Die dann aufkommende Wut ist der Beginn der eigentlichen Trauer. Werden die Aggressionen dann aber am hilflosen Kranken ausgelassen, der durch seine schwierigen Verhaltensweisen und seine Uneinsichtigkeit im Zuge der Krankheit oft derartige Reaktionen geradezu herausfordert, dann stellen sich auch bald Schuldgefühle beim Pflegenden und zusätzliche, neue Verhaltensprobleme beim Gepflegten ein. Wenn dieser Kreislauf sich hochschaukelt, sind die Kräfte irgendwann am Ende, und dann kann es sein, daß man dem Kranken den Tod »wünscht« und sich fragt, warum er (und man selbst auch!) denn eigentlich so leiden muß.

Depression und Resignation des Angehörigen können sich nicht nur auf seine Pflegeleistung auswirken, sondern sie führen oft auch zu organischen Erkrankungen. Herzrhythmusstörungen, Kopfschmerzen, Rückenleiden und Schlaflosigkeit sind häufige körperliche Begleiterscheinungen einer langen Pflege. Finanzielle Belastungen und zeitliches Angebundensein stellen weitere Belastungsfaktoren dar. Viele pflegende Angehörige haben keine eigenen Lebensperspektiven mehr, haben Angst, ihre Familie und ihren Freundeskreis über der Pflege zu vernachlässigen und finden kaum mehr Gelegenheit für eigene Hobbys oder gar eine Berufstätigkeit. Je mehr die intensive Pflege den Tagesablauf des Angehörigen bestimmt hat, um so größer ist die Gefahr, daß nach dem Tod des Kranken sich ein großes »Loch« auftut und der Hinterbliebene nicht mehr weiß, wozu er eigentlich noch gebraucht wird. Die auf der nächsten Seite abgedruckte »Lebensanzeige« stellt den vielleicht nachahmenswerten Versuch einer Kontaktaufnahme mit dem sozialen Umfeld dar, das sonst meist erst bei der »Todesanzeige« wieder von sich hören läßt.

Enlastungsmöglichkeiten
Insbesondere bei einer langjährigen, seelisch anstrengenden Pflege kann der Besuch einer *Angehörigengruppe* oder die *Angehörigenberatung* eines Verbandes oder eines Pflegedienstes Entlastung bringen. Wer sich dort Informationen über das Krankheitsbild beschafft, dem wird es eher gelingen, sich in den Kranken hineinversetzen zu können. Die Angehörigen können dann leichter das Umfeld der Krankheit anpassen, sich auf den Kranken einstellen, mit den eigenen Kräften haushalten und, wenn nötig, fremde Hilfe annehmen. Dies alles hört sich leichter an, als es ist. Insbesondere das Annehmen von fremder Hilfe fällt vielen Angehörigen schwer. Eine fremde Person in den Tagesablauf zu integrieren, sich vielleicht kontrolliert zu fühlen und nicht einmal zu wissen, ob der Kranke sich bei der Pflege durch andere überhaupt wohlfühlt – an solchen und ähnlichen Bedenken scheitert oft – neben den finanziellen Fragen – die Einbeziehung professioneller Pflegedienste. Aber auch innerhalb des Kreises der Familienmitglieder bleibt die Pflege oft an *einer* Person hängen, und nur selten finden offene Aussprachen darüber statt, wie die zeitliche und finanzielle Belastung auf mehrere Schultern verteilt werden könnte. Die hierbei sich manchmal jahrelang aufstauenden atmosphärischen Verstimmungen können zusammen mit ungeklärten Finanzfragen zu handfesten Streitigkeiten spätestens beim Verteilen des Erbes

Lebensanzeige

Mein Großvater

Karl-Anton Weber

feiert heute seinen 87. Geburtstag. Seit Jahren ist er durch eine sehr schwere Krankheit Tag und Nacht ans Bett gefesselt. Er, der ehemals so beliebt und hochgeachtet war, fristet sein Leben nun in großer Einsamkeit.

Wenn wir Angehörige, was morgen der Fall sein könnte, statt dieses vielleicht sonderbaren Aufrufes die traurige Nachricht von dem in Gott erfolgten Ableben unseres verehrten Karl-Anton Weber hier abdrucken lassen, wäre des geäußerten Bedauerns kein Ende gewesen. Sein Leichenzug hätte sich durch die Anzahl der Trauernden, durch Ehrengeleit, Pracht der Blumen und die Feierlichkeit der Nachrufe zu einer Massenkundgebung seltener Wertschätzung eines Mitbürgers ausgeweitet.

Ich erlaube mir vorzuschlagen, daß man von dieser, einem Toten zu spät dargebrachten Ehrung absehen möge, dafür aber die wenigen Wochen, die dem Kranken und Einsamen noch zu erleben verbleiben, durch abwechselnde Besuche und gelegentliche Ansichtskarten, die ihn sicher erfreuen, auf das Glücklichste verschöne.

Im Namen der Angehörigen:

Felix Weber

Abbildung 2: Lebensanzeige
(aus: D. Schäfer u. W. Knubben, »In meinen Armen sterben ...«
Der Tod im Polizeialltag. Hilden: VDP, 1994)

führen. Das Schaffen klarer Zuständigkeiten (vgl. Stichworte »Vollmachten« und »Einrichtung einer juristischen Betreuung« S. 69ff.) kann dem teilweise vorbeugen.

Trotz aller Kritik an der seit 1995 eingeführten *Pflegeversicherung* ermöglicht diese heute mehr Menschen als früher die Bezahlung professioneller ambulanter Pflegekräfte. Wer länger als 6 Monate krank ist und auf Dauer Unterstützung braucht in mindestens zwei der Bereiche Körperpflege, Ernährung, Mobilität sowie im Haushalt im Umfang von mindestens 90 Minuten täglich, hat die Voraussetzung für einen monatlichen Zuschuß von 400 DM erfüllt. Wenn die Kräfte nachlassen, gibt es durch die Pflegeversicherung nach mindestens einjähriger Pflege die Möglichkeit einer sogenannten »Urlaubsvertretung«, in der Angehörige Kraft schöpfen können, während der Kranke von einer anderen Pflegekraft betreut wird. Nur der kann übrigens langfristig gut pflegen, der auch mit sich selber pfleglich umgeht. Der biblische Satz: »Liebe Deinen nächsten wie Dich selbst« mit Betonung auf der zweiten Satzhälfte hat hier seinen Platz.

Für Krebskranke lohnt sich ein Pflegeantrag meist erst im Endstadium, da sie die geforderte Hilfsbedürftigkeit selten erfüllen. Hier hat es sich in der Vergangenheit gezeigt, daß es besser ist, wenn ein Arzt bei akuten Schmerzzuständen oder Krankheitsschüben immer wieder neu eine mehrwöchige häusliche Krankenpflege »zur Vermeidung von Krankenhausaufenthalt« verschreibt.

Die anfangs beim medizinischen Dienst der Pflegekassen zu beobachtenden Unterschätzungen des Pflegebedarfs bei psychisch kranken, hirnorganischen Patienten und die daraus resultierenden zu niedrigen Pflegestufen haben sich nach viel Kritik inzwischen den Realitäten weitgehend angepaßt.

Es wäre gut, wenn sich auch in Deutschland – neben dem inzwischen eingeführten Erwerb von Rentenansprüchen für Pflegende – ein Modell wie in Dänemark durchsetzen könnte, in dem Angehörige die Möglichkeit haben, sich ein Jahr *bezahlten Pflegeurlaub* zu gönnen, wenn sie einen kranken Angehörigen zu Hause pflegen. Wären solche Maßnahmen angemessener finanzieller Unterstützungen nicht vielleicht auch ein Weg, das kleiner werdende Potential pflegebereiter Angehöriger – angesichts der immer größeren Anzahl berufstätiger Frauen – um interessierte Männer zu erweitern?

Sollte sich die heute noch umfangreich geleistete häusliche Pflege von Angehörigen in Zukunft drastisch vermindern, so wird es eine spürbare Belastung unseres Gesundheitswesens geben. Daher muß alles getan werden, um häusliche Pflege körperlich, seelisch und finanziell für Angehörige erträglich zu machen. Dazu brauchen wir auch mehr neue Wohn- und Pflegeformen, um die Solidarität alter Menschen untereinander und neue Formen des Miteinanders zwischen den Generationen zu fördern.

Aus meiner langen Zeit der Trauerbegleitung weiß ich, wie positiv für den Verlauf einer unproblematischen Trauer es ist, wenn Angehörige sich sagen können, »Ich habe alles getan, was möglich war«. Dies ist der Grund, warum häusliche Pflege trotz intensiver Belastung immer wieder durchgeführt wird und eine einzigartige Möglichkeit darstellt, einem Menschen, den man liebt, noch einmal seine ganze Liebe und Dankbarkeit zu zeigen.

Die schnelle Lösung oder der sanfte Abschied

Wenn man sich einerseits die Realität der heutigen Sterbebedingungen in den Institutionen vor Augen hält und sie mit den wirklichen Bedürfnissen Sterbender vergleicht und dann andererseits an die Belastungen einer langen häuslichen Pflege denkt, dann kann man verstehen, daß viele Menschen sich und anderen am liebsten einen schnellen Tod wünschen. Insbesondere die Möglichkeit der modernen Medizintechnologie, nicht nur Leben zu retten und zu verlängern, sondern auch das »natürliche« Sterben von Patienten lange Zeit hinauszuzögern, und die daraus resultierenden Unsicherheiten bezüglich einer eindeutigen Definition des »Todeszeitpunkts« haben neuen Ängsten und Problemen beim Umgang mit dem Sterben Raum gegeben. Das Thema »Sterbehilfe« hat Konjunktur. Wenn jemand sterben will, haben wir ein Recht, ihn daran zu hindern? Muß der Arzt Leben retten um jeden Preis, oder darf er (aus berufsethischer, moralischer, juristischer Sicht) auch Sterbehilfe leisten? Welche Rolle spielt dabei der mutmaßliche oder geäußerte Wille des Patienten? Wie sieht Sterbehilfe aus, wo beginnt das Töten? Brauchen wir tatsächlich gesetzliche Änderungen, um mehr »Humanität« in unseren deutschen Sterbealltag zu bringen? Dies sind die immer wieder auftauchenden Fragen, die mit viel Eifer und auf dem Hintergrund der im Dritten Reich geübten Euthanasiepraxis der Massenvernichtung »lebensunwerten« Lebens schon fast in Form von Glaubenskriegen bei uns in den letzten Jahren diskutiert werden.

Wenn die Angst vor Schmerzen, die Angst vor Kontrollverlust und Alleingelassenwerden die Hauptängste Sterbender sind, so wird ein Wunsch nach einem schnellen, vorzeitigen Tod oft von einer unzureichenden Schmerzbehandlung, nicht vorhandener menschlicher Zuwendung sowie einem starken Gefühl der Hilf- und Ausweglosigkeit begleitet sein. Menschen, die sterben wollen, haben oft nur den Wunsch, nicht mehr so wie bisher weiterzuleben. Sie sagen: »Ich will sterben« und wollen vielleicht eigentlich nur fragen: »Braucht ihr mich noch, bin ich euch noch wichtig?« Das was sie brauchen, ist daher eher Zuspruch und Lebenshilfe, aber keine Sterbehilfe.

Als Begleiter ist es wichtig zu sehen, inwieweit die oben angeführten Ängste vorherrschen. Das Erschreckende ist, daß es oft gar nicht der Sterbende selbst, sondern sein Umfeld ist, welches das Leid nicht mehr ertragen kann. Manche Angehörige spüren gar nicht das Abwertende in dem Satz: »So wie du möchte ich nicht leben«. In der Äußerung »Du tust mir leid« schwingt immer auch ein wenig der Vorwurf mit »Du tust mir Leid *an*«. Der Psychiater Dörner hat in seinem gleichnamigen Buch hierzu vom sogenannten »tödlichen Mitleid« gesprochen. Die Beseitigung des Leids durch die Beseitigung der Leiden-

den – das erscheint vielen der einfachste Weg, Leid abzuschaf-
fen. Ein Gedicht von Erich Fried spricht diesen Gedanken einer
schnellen Lösung aus:

> Die Maßnahmen
>
> Die Faulen werden geschlachtet
> die Welt wird fleißig
> Die Häßlichen werden geschlachtet
> die Welt wird schön
> Die Narren werden geschlachtet
> die Welt wird weise
> Die Kranken werden geschlachtet
> die Welt wird gesund
> Die Traurigen werden geschlachet
> die Welt wird fröhlich
> Die Alten werden geschlachtet
> die Welt wird jung
> Die Feinde werden geschlachtet
> die Welt wird freundlich
> Die Bösen werden geschlachtet
> die Welt wird gut

Wer einmal erlebt hat, wieviel Lebensqualität Sterbende bei guter Begleitung bis zu ihrem Tod noch haben können, denkt anders über Sterbehilfe. Mit Sterbehilfe ist im folgenden stets *aktive Sterbehilfe* gemeint, das heißt, die bewußte Verabreichung
eines Mittels zur Herbeiführung eines vorzeitigen Todes auf
Wunsch oder mit vermuteter Einwilligung des Betroffenen. Die
Unterlassung lebensverlängernder Maßnahmen wird dabei
ebenso wie die Verabreichung von Schmerzmedikamenten mit
Inkaufnahme eines früheren Todeseintritts, als sogenannte *passive* oder *indirekte Sterbehilfe* hiervon abgegrenzt. In der Praxis
sind die Übergänge zwischen diesen Formen allerdings oft flie-
ßend (vgl. auch Stichwort »Sterbehilfe« S.73). Die Unterstützung eines natürlichen, schmerzfreien Todes in Form der passi-
ven und indirekten Sterbehilfe werden von der Hospizbewe-

gung befürwortet und in sogenannten Patientenverfügungen niedergelegt. Auch wenn Patientenverfügungen juristisch noch keine eindeutige Verbindlichkeit haben (vgl. »Patientenverfügung« S. 64ff.), so werden doch heutzutage – insbesondere nach einem einschlägigen BGH-Urteil von 1994 – diese Verfügungen immer mehr als Hinweis auf den mutmaßlichen Patientenwillen im Entscheidungskonflikt zwischen Patientenautonomie und ärztlichem Lebenserhaltungsauftrag herangezogen, vor allem auch dann, wenn der Arzt den Patienten nicht kennt und keine Angehörigen mehr da sind. Es gibt also Möglichkeiten, der unerwünschten Verlängerung des eigenen Sterbens schon zu Lebzeiten in gewissem Umfang entgegenzutreten.

Die andere Gefahr, daß ich schneller getötet oder für »tot« erklärt werde, als mir lieb ist, ist heute ebenfalls aktuell. Die medizinische, juristische und moralisch-ethische Diskussion über die 1968 aus den USA übernommene, umstrittene »Hirntoddefinition« ist eines der meisterörterten Themen in der Sterbeliteratur und nach der Verabschiedung des Transplantationsgesetzes 1997 auch in den deutschen Tagesmedien wieder präsent (vgl. »Organspende« und »Todeszeitpunkt« S. 67 u. 76f.). Es ist sicher kein Zufall, daß gerade nach der Liberalisierung der aktiven Sterbehilfe in den Niederlanden von der dortigen katholischen Kirche eine sogenannte »Credo-Card« mit folgendem Text vertrieben wurde: *»Der Träger dieser Karte ist katholisch, er bittet in Lebensgefahr um geistlichen Beistand durch einen Priester und erklärt sich nicht einverstanden mit aktiver Euthanasie.«* Diese Karte wurden bereits in den ersten Monaten nach ihrem Erscheinen ohne eine eigene Werbekampagne über 5000 Mal angefordert.

Mein beruflicher Umgang mit alten und alzheimerkranken Menschen, die alle noch sehr viel Lebensfreude hatten, hat mich in Fragen der »Lebensqualität« sensibel gemacht. Das Erschreckende ist, daß man als Zuhörer bei Vorträgen über das »Humane Sterben« und die dortige Art der Schilderung »menschenunwürdiger« Zustände beim Sterben in Institutionen nur Angst bekommt, keine Alternativen mehr sieht und sich fragt, ob man als mündiger Bürger nicht anständigerweise bei den ersten ernsthaften Krankheitssymptomen den Freitod als humanste und für alle »fairste Lösung« wählen sollte. Wenn prominente Mitglieder der Deutschen Gesellschaft für humanes Sterben (DGHS) sich in den Medien damit brüsten, daß sie die entsprechenden Tabletten immer parat haben, dann spüre ich in den anschließenden Gesprächen, daß ältere und gebrechliche Menschen schon beinahe meinen, sich entschuldigen zu müssen, wenn in ihrem Nachttisch noch kein entsprechender Vorrat liegt.

Da erfahrungsgemäß diejenigen Menschen am leichtesten sterben, die gern und intensiv gelebt haben, ist die beste Vorbereitung auf das Sterben die bewußte Gestaltung des eigenen Lebens. Lebenssatt, nicht lebensmüde – so sollte man sterben dürfen! Sterbebegleiter erleben oft, daß durch die Begleitung Sterbender ihre Angst vor dem eigenen Tod weniger wird. Gleichzeitig erkennen sie im Umgang mit dem Sterbenden, was ihnen selbst im Leben wichtig ist. Der Ruf nach »schnellen Lösungen« ist fast immer ein Hilfeschrei, ein Hilfeschrei von überforderten Angehörigen oder verunsicherten, alleingelassenen Menschen mit Schmerzen. Hier baldmöglichst nach neuen Wegen zu suchen, sollte für uns alle ein gemeinsames Grundbedürfnis werden.

✘ Weiterführende Literatur

Bender, Ch. (1993): Alte Menschen zu Hause pflegen: Notwendige Hilfen und Tips für die Pflege in der Familie. München: Südwest.

Godzik, P. u. Muschaweck, P. (1989): Laß mich doch zu Hause Sterben. Gütersloh: Mohn. – Eine interdisziplinäre Gemeinschaftsproduktion, die Mut macht, an möglichst vielen Stellen den Hospizgedanken bei der Begleitung Sterbender und ihrer Angehörigen umzusetzen.

Kruse, A. (Hg.; 1990): Zu neuen Kräften finden. Rat und Hilfe für pflegebedürftige alte Menschen und ihre Angehörigen. Freiburg: Herder. – Die lange Pflegebedürftigkeit alter Menschen und die Belastung, aber auch Entlastungsmöglichkeiten der Angehörigen werden aus verschiedenen Blickwinkeln beleuchtet.

Rest, F. (1991): Sterbebeistand, Sterbebegleitung und Sterbegeleit. Stuttgart: Kohlhammer. – Ein »Klassiker« der Sterbebegleitung, der vor allem auch die Auseinandersetzung des Helfers mit seiner eigenen Sterblichkeit thematisiert.

Tausch-Flammer, D. (1994): Die letzten Tage. – Kurzgefaßte Broschüre zur Anleitung der Sterbebegleitung. Zu beziehen gegen Portokosten beim Diakonischen Werk der EKD, Zentraler Vertrieb, Karlsruher Str. 11, 70771 Leinfelden-Echterdingen.

Die Hospizbewegung

Anfänge in Deutschland

Die Hospizbewegung geht auf das lateinische Wort »hospitium« – deutsch »Gastfreundschaft« oder »Herberge« – zurück. Hospize hießen die Häuser, in denen die Ordensleute im Mittelalter Pilgern auf ihrer langen beschwerlichen Reise Schutz und Erholung boten. Viele der Pilger starben unterwegs; Hospize waren also schon damals auch Orte des Sterbens. An diese Tradition knüpft die moderne Hospizbewegung an. Als eine der Pionierinnen der Hospizarbeit gilt die englische Ärztin, Krankenschwester und Sozialarbeiterin Cicely Saunders, die in London 1967 das St. Christopher's Hospice aufbaute. In diesem Hospiz wurden Menschen aufgenommen und bis zu ihrem Tod begleitet, die schwer krank waren und nicht mehr lange zu leben hatten.

Nach dem Vorbild des St. Christopher's entstanden in der Folgezeit mehrere hundert Hospizeinrichtungen in England und der ganzen Welt, während die Entwicklung in Deutschland nur zögerlich voranschritt. Im Jahr 1971 wurde in London der Film »Noch 16 Tage« mit dem Untertitel »Bericht aus einer englischen Sterbeklinik« gedreht. Dieser Film lief später im deutschen Fernsehen und entfachte eine lebhafte Diskussion darüber, ob solche »Sterbekliniken« auch in Deutschland gebaut werden sollten. Im Jahr 1978 äußerten sich neben den Politikern insbesondere auch die deutschen Bischöfe zunächst ablehnend zum Bau stationärer Hospizhäuser, die sie »Sterbekliniken« nannten. Man befürchtete dort eine Ghettoisierung der Sterbenden; man hatte Angst vor dem »Einweisungsschock«, den die Betroffenen und Angehörigen erleiden würden, wenn sie in ein solches Haus »abgeschoben« würden, und man befürchtete große psychische Belastungen der dort beschäftigten Mitarbeiter ebenso wie eine unzureichende medizinische Versorgung der Patienten. Doch einige ließen sich von diesen Bedenken nicht abhalten. 1983 wurde in Deutschland mit der Gründung der ersten Palliativstation in Köln der Anfang gemacht. Palliative Medizin ist schmerzlindernde Medizin (pallium – lateinisch: Mantel), die sich auf die Zusammenstellung und Verabreichung schmerzlindernder Medikamente konzentriert und normalerweise von operativen Eingriffen absieht. Bald folgten ebenfalls in Köln ein Hausbetreuungsdienst, ein kleines Hospizhaus und eine Hospizbildungseinrichtung. In den Jahren 1986/87 wurden in Aachen vom katholischen Orden der Oratorianer das Haus Hörn und in Recklinghausen von den Franziskanerinnen das Franziskus-Hospiz gegründet. Zeitgleich entstanden in Hannoversch-Münden und Bingen die ersten beiden großen deutschen überregionalen Hospizinitiativen, die Initiative »OMEGA – mit dem Sterben leben e.V.« und die »Internationale Gesellschaft für Sterbebegleitung und Lebensbeistand e.V.« (IGSL) sowie der »Christopherus-Hospiz-Verein« in München, die Arbeitsgruppe »Zu Hause sterben« an der evangelischen Fachhochschule in Hannover und die »Arbeitsgemeinschaft Hospiz« in Stuttgart.

Nicht verwechselt werden mit der Hospizbewegung darf die bereits 1980 gegründete »Deutsche Gesellschaft für humanes Sterben« (DGHS), die durch ihren Vorsitzenden Atrott mit seinem schwunghaften Zyankalihandel und ihrer Befürwortung aktiver Sterbehilfe später öfter in den Schlagzeilen stand. Besonders bedauerlich ist dabei, daß vielen Mitgliedern der DGHS die Möglichkeiten einer liebevollen Sterbebegleitung mit guter Schmerztherapie als Alternative zur »schnellen Freitodlösung« gar nicht nahegebracht wird.

Bereits im Jahr 1988 begann auf seiten der großen christlichen Kirchen ein Umdenken die Hospizbewegung betreffend. Die positiven Entwicklungen im Umfeld der ersten stationären Einrichtungen auch bezüglich der häuslichen Pflegebereitschaft von Angehörigen sowie das ehrenamtliche Engagement in den immer zahlreicher werdenden Initiativen erregten Aufmerksamkeit und führten schließlich zu einer ausdrücklichen Befürwortung der Hospizarbeit. Auch auf politischer Ebene gab es inzwischen Hospizaktivitäten in Form von geförderten Modellprojekten und Expertentagungen verschiedener Bundesministerien. In Nordrhein-Westfalen werden seit 1992 vom Sozialministerium Informations- und Beratungsstellen zur Begleitung ehrenamtlicher Hospizinitiativen finanziert. In vielen Bundesländern gibt es inzwischen Gruppen, die sich zu Landesarbeitsgemeinschaften zusammengeschlossen haben und gemeinsam über 300 einzelne Initiativen repräsentieren (Kontaktadressen siehe Anhang). Trotz dieses zahlenmäßigen Aufschwungs und der positiven Resonanz bleiben – neben der weiterzuführenden Enttabuisierung von Tod und Sterben in unserer Gesellschaft – ungeklärte Finanzierungsprobleme sowie Fragen der Qualitätssicherung wichtige Themen bei der Weiterentwicklung und Umsetzung des Hospizgedankens.

Arbeitsformen

So unterschiedlich wie die Sterbenden und die Orte sind, an denen sie sterben, so unterschiedlich sind auch die Menschen, die am Beginn der Hospizbewegung sich für diese Fragen interessiert haben. Krankenschwestern, Ordensleute und Mediziner beklagten eine zunehmende Ausrichtung auf rein körperliche Pflegetechniken und den mangelhaften Einsatz der Schmerztherapie, Krankenhausseelsorger, Sozialarbeiter und Psychologen betonten die Vernachlässigung psychosozialer und spiritueller Aspekte des Schmerzes. Betroffene und Angehörige schließlich artikulierten immer öfter die in den Institutionen stattfindene Vernachlässigung ganzheitlicher Bedürfnisse im Angesicht des Todes. Jede dieser Personengruppen begann zunächst an ihrem Ort die Hospizgrundsätze für sich zu entdecken und dann in Kontakt mit Gleichgesinnten umzusetzen.

Wenn die Ausgestaltung des Hospizgedankens in England auch in Häusern begann, so ist sie doch nicht an ein Haus gebunden. Hospiz ist kein Gebäude, sondern eine Haltung. Diese Haltung kann in sehr unterschiedlichen Formen leben. Oberster Grundsatz bleibt, ein Sterben zu Hause oder *wie* zu Hause zu ermöglichen. Dieses Ziel der Unterstützung häuslicher Sterbebegleitung fördern insbesondere die *ambulanten Hospizinitiativen*, die mit ehrenamtlichen Helfern die Arbeit der ambulanten Pflegedienste unterstützen oder gemeinsam mit ihnen im Team eines *Hausbetreuungsdienstes* arbeiten. Die nächstintensive Stufe, einem schwerkranken Menschen liebevolle Pflege zukommen zu lassen, ist das in Deutschland – im Gegensatz zu England – noch relativ seltene *Tageshospiz*. Ähnlich wie in einer Tagespflege werden hier schwerkranke Menschen schmerztherapeutisch und mit menschlicher Zuwendung auf ihrem letzten Weg tageweise begleitet, um die Nacht wieder zu Hause verbringen.

Einige Kliniken haben heute bereits sogenannte *Palliativstationen*. Es sind dies besondere Abteilungen – nicht nur für Sterbende – im Krankenhaus, in denen keine operativen Eingriffe mehr vorgenommen werden, sondern auf Wunsch der Patienten nur noch schmerzlindernde Medizin (Palliativmedizin) zum Einsatz kommt. Auch in *Schmerzambulanzen* an Krankenhäusern oder bei niedergelassenen Schmerztherapeuten gibt es Auskunft über die Möglichkeiten einer modernen Schmerztherapie. Die Einbeziehung Angehöriger in diese Beratungsarbeit wird unterschiedlich gehandhabt. Für diejenigen Menschen, die aufgrund ihrer schweren Erkrankung und ihres personellen Umfelds keine Möglichkeit mehr sehen, allein zu leben, bieten sich *Hospizhäuser* als letzte Möglichkeit des menschenwürdigen Sterbens an.

Inzwischen gibt es in Deutschland über 20 Hospizhäuser, deren *Finanzierung* unsicher ist, wenn sich inzwischen auch eine Bereitschaft zur teilweisen Kostenübernahme durch die Krankenkassen in Form einer »Mischfinanzierung« abzeichnet. Um nicht nur Besserverdienenden hier ein Sterben »erster Klasse« zu ermöglichen, werden Hospize auch in Zukunft auf Spendenmittel zur Kostendeckung angewiesen sein.

Es sei an dieser Stelle betont, daß es nicht das Ziel der Hospizbewegung ist, immer mehr Hospizhäuser als Alternativen zu Krankenhäusern oder Pflegeheimen zu bauen. Hospize dienen vielmehr als Modelle, um zu zeigen, wohin sich Kranken- und Altenpflege bei uns entwickeln könnte, und in vielen ambulanten und stationären Einrichtungen haben diese Impulse auch bereits Eingang gefunden. Bei der Umsetzung des Hospizgedankens sind organisatorische und finanzielle Fragen die eine Seite, der einheitliche Wille aller Beteiligten aber, an den bestehenden Umständen etwas zu ändern, die andere Seite.

Grundprinzipien

Seit Anbeginn der Hospizbewegung arbeiten alle Initiativen nach denselben Grundsätzen. Die Leitsätze der Hospizidee, wie sie auf den Ludwigshafener Hospiztagen 1992 formuliert wurden, lauten wie folgt.

Präambel
Der Kranke mit seinen körperlichen, psychischen, sozialen und spirituellen Bedürfnissen steht im Mittelpunkt. Seine Begleitung erfolgt unabhängig von Herkunft, religiöser Überzeugung und sozialer Stellung. Aktive Sterbehilfe ist kein Bestandteil der Hospizidee.
1. Die Begleitung soll durch interdisziplinäre Zusammenarbeit unter Einbeziehung der Kenntnisse und Erfahrungen in Symptomkontrolle und Schmerztherapie erfolgen.

2. Der Kranke, seine Angehörigen und Freunde werden gleichermaßen begleitet.
3. Die ehrenamtlichen Helfer sind ein unverzichtbarer Teil des
   Dienstes. Alle in der Hospizarbeit Tätigen erfahren Hilfe und
   Unterstützung.
4. In Kooperation mit bereits bestehenden Diensten ist auch die
   ärztliche Versorgung gewährleistet.
5. Nachgehende Begleitung der Hinterbliebenen wird angeboten.
6. Die Realisierung der Hospizidee ist sowohl in ambulanter,
   teilstationärer als auch in stationärer Form möglich.

Oberster Leitgedanke bleibt immer, ein Sterben zu Hause möglich zu machen. Die Bedürfnisse des Kranken auf allen oben
genannten Ebenen stehen dabei im Mittelpunkt. Auch wenn
Hospizinitiativen und stationäre Einrichtungen oft von Kirchen
getragen werden, spielt die Religionszugehörigkeit des Sterbenden und seiner Angehörigen bei der Entscheidung über die
Betreuung keine Rolle. Auch die finanziellen Mittel sind nicht
ausschlaggebend dafür, ob eine Betreuung übernommen wird
oder nicht. Die Ablehnung der aktiven Sterbehilfe bedeutet, daß
zwar alles getan wird, ein menschenwürdiges Sterben zu ermöglichen, die Verabreichung von Medikamenten zum Zweck
der Tötung jedoch abgelehnt wird. Alle Hospizinitiativen müssen über die Möglichkeiten der modernen Schmerztherapie vor
Ort sowie die Angebote anderer ambulanter Dienste zur Versorgung des Kranken umfassend informiert sein.

Die Einbeziehung ehrenamtlicher Helfer in die Hospizarbeit
hat nicht in erster Linie das Ziel, Personalkosten zu sparen, sondern deutlich zu machen, daß Sterbebegleitung etwas ist, was
jeder kann und jeder wagen sollte, gleich welche sonstige »Pro-
fession« er hat. Die Ehrenamtlichen sind Garant dafür, daß sich
in der Sterbebegleitung der oben genannten Berufsgruppen keine »Betriebsblindheit« einstellt und das Sterben auch wieder
Eingang findet in die ganz normale Alltagswelt. In der nachfolgenden Begleitung der Hinterbliebenen bekennt sich die

Hospizbewegung dazu, daß die Fürsorge für Sterbende und ihre Angehörigen mit dem Tod nicht vorbei ist, sondern auch die Zeit der Trauer nach dem Tod beinhaltet.

Hospizhelfer wissen natürlich nicht, wie man »richtig« stirbt. Sie haben keine Patentrezepte für die Hauptamtlichen, sind aber sensibel geworden für die besonderen, oft nicht berücksichtigten Wünsche sterbender Menschen und ihrer Angehörigen. Vielen Verantwortlichen in den Heil- und Pflegeberufen sowie der Seelsorge hat die Auseinandersetzung mit der Hospizbewegung einen neuen, kritischen Blick auf das eigene Arbeitsfeld eröffnet. Doch erst wenn auch in der Ausbildungsordnung von Ärzten die Begleitung Sterbender einen festen Platz hat, und die übrigen Berufsgruppen weiterhin entsprechende Akzente in ihrer Aus- und Weiterbildung verstärken, wird sich in den bestehenden Institutionen Entscheidendes ändern. Bis dahin können die unten beschriebenen Vorbereitungskurse für ehrenamtliche Hospizhelfer auch für berufliche Ausbildungsordnungen als Anregung für inhaltliche Schwerpunktsetzungen hilfreich sein.

Vorbereitungskurse für ehrenamtliche Hospizhelfer

Wozu werden Hospizhelferkurse angeboten? Wer kann an diesen Kursen teilnehmen? Was sind die Inhalte? Wo finden solche Kurse statt? Dies sind die Hauptfragen, die immer wieder zum Thema »Vorbereitungskurse« gestellt werden.

Viele von uns haben ihre Angehörigen im Sterben gut begleitet, ohne jemals einen »Vorbereitungskurs« besucht zu haben. Andere wiederum haben in der Begleitung eines nahestehenden Menschen unangenehme Erfahrungen gemacht, die sie gern bei der nächsten Begleitung eines Sterbenden vermeiden würden. Auf guten Erfahrungen aufbauen, eigene Stärken kennenlernen, sich persönliche Schwächen bewußt machen und hilfreiche Informationen bekommen – das sind die Ziele eines Vorbereitungskurses. Ein Vorbereitungskurs ist keine Ausbildung zum »perfekten« Sterbebegleiter. Der Vorbereitungskurs ist ein Angebot, daß Interessierten Mut machen soll, die Sterbebegleitung zu wagen. Der Kurs bietet ein Stück Sicherheit, sowohl für die Begleiter als auch für die Begleiteten. Angeboten werden solche Kurse in erster Linie von Hospizinitiativen, zum Teil in Zusammenarbeit mit kirchlichen Bildungseinrichtungen (vgl. Kontaktadressen im Anhang).

Wer selbst noch sehr stark mit der eigenen Trauer nach dem Tod eines Hinterbliebenen beschäftigt ist, hat selten den Kopf frei, um andere Menschen im Sterben zu begleiten. Daher haben es sich viele Hospizdienste zur Regel gemacht, im ersten Jahr, manchmal sogar in den ersten beiden Jahren, nach einem schweren persönlichen Verlust den interessierten Hospizhelfern von einem Vorbereitungskurs zur Sterbebegleitung abzuraten. Hier ist erst einmal die persönliche Trauer zu leben. Sich am Bett eines anderen Sterbenden von den eigenen Sorgen abzulenken, geht meist daneben. Spätestens in der Praxisbegleitung der Helfer wird der Begleiter merken, daß er sich hier zuviel vorgenommen hat und es ihm schwerfällt, ganz beim Sterbenden zu sein und sich auf ihn einzustellen. Intensive Auswahlgespräche, erste Informationsabende zum Kennenlernen beugen hier Enttäuschungen sowohl auf der Seite der Teilnehmer, als auch auf der Seite der Anbieter von Hospizhelferkursen vor. Oft sind die Kursangebote kostenlos, jedoch mit einer nachfolgenden Verpflichtung zur ehrenamtlichen Mitarbeit in der anbietenden Hospizinitiative verbunden. Der Zeitumfang der späteren Mitarbeit kann von dem ehrenamtlichen Mitarbeiter frei bestimmt werden.

Die Begleitung Sterbender ist eine Aufgabe, zu der man nicht nur den Kopf, sondern auch das Herz braucht. Daher sind in den Vorbereitungskursen sowohl informative Anteile als auch emotionale Komponenten und die Einübung sozialer Fertigkeiten notwendig. Im Mittelpunkt der emotionalen Anteile steht die Auseinandersetzung mit der eigenen Sterblichkeit. Die Frage: »Wie möchte ich eigentlich sterben?« ist als Ausgangspunkt dafür zu verstehen, wie einem Sterbenden in seiner letzten Zeit zumute ist. Durch sogenannte *Sterbemeditationen* versucht man, sich nach einer Entspannungsphase intensiv in den Moment des eigenen Sterbens hineinzuversetzen. Die erstaunliche Erfahrung dabei ist, daß dieser Moment oft wenig Angst beinhaltet und man sehr genaue Vorstellungen hat von dem Sterbeort, den Menschen, den Gegenständen, dem Licht, den Tönen oder Gerüchen, die einen in diesem Moment umgeben sollen. Fragen nach erlebter Trauer bei unterschiedlichen Verlusterlebnissen, Lebensrückblicke und Fragen nach dem Sinn des eigenen Lebens stellen in weiteren *Abschiedsübungen* zusätzliche Stationen auf dem Weg der Begegnung mit der eigenen Sterblichkeit dar.

Neben diesen Selbsterfahrungsanteilen nehmen auch *Informationen* zum Thema Sterben und Tod einen großen Raum ein. Einen Schwerpunkt stellt die moderne Schmerztherapie dar. Die Ergebnisse *thanatologischer Forschung* über die Bedürfnisse Sterbender und ihrer Angehörigen, Grundprinzipien der Hospizbewegung, Fragen zur aktuellen *Ethikdiskussion* über Formen der Sterbehilfe sind weitere Themen. Dazu kommen Sachinformationen zu Themen wie Patientenverfügung, Organspende, Testament, Beerdigung, Suizidprophylaxe und anderes mehr (vgl. hierzu die Stichworte im anschließenden Kapitel »Praktische Fragen«). Alle diese Informationen und Selbsterfahrungen müssen umgesetzt werden können in der Begegnung mit dem Sterbenden und seinen Angehörigen.

In Rollenspielen und Kleingruppen werden soziale Fertigkeiten der *Gesprächsführung* geübt. Dabei sind Einfühlungsvermögen, Wertschätzung und Spontaneität zusammen mit der Beobachtung auch nonverbaler Kommunikationsanteile wichtige Elemente. Fragen zur Nähe und Distanz im Umgang mit anderen Menschen oder die Überlegung, wo ich in der Begegnung mit anderen auch meine *Kraftquellen* finde, stellen weitere Schwerpunkte der Vorbereitungskurse dar.

Spätestens dann, wenn im persönlichen Umfeld der Tod und das Sterben eintritt, man nicht mehr wegläuft, sondern aushalten kann, erfährt man den persönlichen Gewinn aus einem Vorbereitungskurs. Und wenn man dann in der ersten konkreten

Begleitung vielleicht merkt, daß man nicht nur der Gebende, sondern in der Begegnung mit dem Sterbenden auch der Beschenkte war, wird einem spätestens dort klar, warum Menschen das Wagnis der Sterbebegleitung einzugehen bereit sind.

✖ Weiterführende Literatur

Beutel, H. u. Tausch, D. (1993): Sterben – eine Zeit des Lebens. Ein Handbuch der Hospizbewegung. Stuttgart: Quell. 3. Auflage. – Eine vielseitige inhaltliche und auch historische Darstellung der deutschen Hospizarbeit.

Ebert, A. u. Godzik, P. (Hg.; 1993): Verlaß mich nicht, wenn ich schwach werde. Handbuch zur Begleitung Schwerkranker und Sterbender. Hamburg: Rissen. – Das erste ausführliche, in Buchform erhältliche Kursangebot zur Vorbereitung von Hospizhelfern in Kirchengemeinden.

Gronemeyer, R. (1987): Orthothanasie – Vorschläge für einen therapeutisch gesicherten Abgang aus dem Leben. Universitas, 2, S. 187–196. – Ironisch-kritische Aufzeigung von Gefahren einer allzu fanatisch betriebenen »Verschulung« der Sterbebegleitung.

IGSL (Hg.; 1990): Hospize – Raststätten auf dem Wege. Bingen. – Preiswerte (5 DM), bebilderte Informationsbroschüre einer Hospizinitiative mit Darstellung der wichtigsten Grundprinzipien (Kontaktadresse siehe Anhang).

Rest, F. H. O. (1995): Leben und Sterben in Begleitung: Vier Hospize in Nordrhein-Westfalen – Konzepte und Praxis – Gutachten im Anschluß an eine wissenschaftliche Begleitung. Münster: LIT. – Analyse von Grundsatzfragen und deren Umsetzung am Beispiel von vier etablierten Hospizen in NRW.

Student, J. C. (1989): Das Hospizbuch. Freiburg: Lambertus. Aufgaben einer interdisziplinären Hospizarbeit in Deutschland.

Tausch, A. M. u. Tausch, R. (1991): Sanftes Sterben – was der Tod für das Leben bedeutet. Reinbek: Rowohlt. Ausgehend von den Erfahrungen der eigenen Krebserkrankung einer als Gesprächstherapeutin bekannten Autorin werden vor allem auch die Erfahrungen verschiedener Teilnehmer an einer ausführlich beschriebenen »Sterbemeditation« dargestellt.

Praktische Fragen und wichtige Begriffe

Nachstehend werden einige zusätzliche Erläuterungen zu einzelnen, im vorangegangenen Text nur kurz angesprochenen Begriffen und Problemkreisen gegeben.

Vor dem Tod

Sterben zu Hause

Folgende *Voraussetzungen* müssen für ein Sterben zu Hause erfüllt sein:
- Der Patient ist über seinen Zustand informiert und möchte nach Hause.
- Es sind nur schmerzlindernde und keine heilenden Maßnahmen mehr angezeigt.
- Es gibt im Haushalt des Kranken eine Person als Hauptpflegekraft.
- Bei Bedarf sind Unterstützungen in Schmerztherapie und Terminalpflege durch professionelle Krankenpflegekräfte erreichbar.

Vorteile für den Patienten in der häuslichen Umgebung sind:
- Möglichkeit einer individuellen Gestaltung seines Umfeldes (Würde und Kontrolle)
- Gelegenheit zu sozialen Kontakten
- Wachsen im gegenseitigen Teilen von Gefühlen mit den Angehörigen (zur Trauervorbereitung)
- Kosteneinsparung gegenüber stationärer Pflege

Gegen eine häusliche Pflege spricht:
- starke körperliche und seelische Belastung der Angehörigen durch die Pflege
- unzureichende medizinisch-pflegerische Versorgung durch Laien
- Der Patient will die Familie nicht mit seinem Sterben »belasten«.

Zur inzwischen eingerichteten Pflegeversicherung geben die Kranken- und Pflegekassen eigene Informationsmaterialien heraus. Dort sowie bei den ambulanten Pflegediensten (Sozialstationen) können sich Angehörige auch nach Kursangeboten zur häuslichen Krankenpflege oder »Angehörigenseminaren« sowie laufenden »Gruppen für pflegende Angehörige« erkundigen, in denen sie – neben den Hospizdiensten – wichtige Informationen und Unterstützung für die Hauspflege erhalten.

✘ Preiswerte Broschüren zur Praxis der häuslichen Sterbebegleitung

Student, J. C. u. Busche, A. (1990): Zu Hause Sterben – Hilfen für Betroffene und Angehörige. Zu beziehen über: Arbeitsgruppe »Zu Hause Sterben«, Ev. Fachhochschule Hannover, Blumhardtstr. 2, 30625 Hannover.

Tausch-Flammer, D. (1994): Die letzten Wochen und Tage. Zu beziehen bei: Diakonisches Werk der EKD, Zentraler Vertrieb, Karlsruher Str. 11, 70771 Leinfelden-Echterdingen.

Pflegen zu Hause – Ratgeber für die häusliche Pflege. Zu beziehen über: BMAS, Referat Öffentlichkeitsarbeit, Postfach 140280, 53107 Bonn.

Patientenverfügung

Die Patientenverfügung (oft fälschlicherweise »Patiententestament« genannt) ist eine vorsorgliche Willenserklärung für den Fall, daß man sich als Patient nicht mehr selbst zu geplanten Diagnose- und Therapiemaßnahmen äußern kann. Die Willenserklärung stellt insbesondere für einen fremden Arzt eine Möglichkeit dar, den »mutmaßlichen Patientenwillen« zu erschließen und in sein Behandlungskonzept einzubeziehen.

Die rechtliche Verbindlichkeit der ersten Verfügungen der 80er Jahre war gering, so daß sich der Arzt hierdurch – aus der Sicht seiner Berufsethik verständlich – von keinem »Laien« die Verantwortung für sein Handeln abnehmen lassen wollte. Seitdem in den neueren Verfügungen seit 1992 auch zusätzlich die Möglichkeit besteht, durch eine »Betreuungsverfügung« (s. u.) eine Vertauensperson zu benennen, die dann im aktuellen Fall

Patientenverfügung

Für den Fall, daß ich

Name	Geburtsdatum

Anschrift

aufgrund von Bewußtlosigkeit oder Bewußtseinstrübung durch Krankheit, Unfall oder sonstige Umstände nicht mehr in der Lage bin, meinen Willen zu äußern, verfüge ich:

Solange eine realistische Aussicht auf Erhaltung eines erträglichen Lebens besteht, erwarte ich ärztlichen und pflegerischen Beistand unter Ausschöpfung der angemessenen Möglichkeiten.

Dagegen wünsche ich, daß lebensverlängernde Maßnahmen unterbleiben, wenn medizinisch eindeutig festgestellt ist,

- daß ich mich unabwendbar im unmittelbaren Sterbeprozeß befinde, bei dem jede lebenserhaltende Therapie das Sterben oder Leiden ohne Aussicht auf Besserung verlängern würde, oder
- daß keine Aussicht auf Wiedererlangung des Bewußtseins besteht, oder
- daß aufgrund von Krankheit oder Unfall ein schwerer Dauerschaden des Gehirns zurückbleibt, oder
- daß es zu einem nicht behandelbaren, dauernden Ausfall lebenswichtiger Funktionen meines Körpers kommt.

Behandlung und Pflege sollen in diesen Fällen auf die Linderung von Schmerzen, Unruhe und Angst gerichtet sein, selbst wenn durch die notwendige Schmerzbehandlung eine Lebensverkürzung nicht auszuschließen ist. Ich möchte in Würde und Frieden sterben können, nach Möglichkeit in meiner vertrauten Umgebung.

Aktive Sterbehilfe lehne ich ab.

Ich bitte um menschliche und seelsorgerliche Begleitung.

Abbildung 3: Beispielseite aus einer Patientenverfügung der evangelischen Kirche in Bayern

vom Vormundschaftsgericht als Betreuer für den Aufgabenbereich »ärztliche Maßnahmen« (§ 1904 BGB) eingesetzt werden kann, hat die Erklärung juristisch an Gewicht gewonnen. Ein Bundesgerichtshof-Urteil vom 13.9.1994 (1StR 357/94) hat die Bedeutung des »mutmaßlichen Patientenwillens« unterstrichen insofern, als hier ein Arzt und ein Sohn erstmals freigesprochen wurden, als die von ihnen angeordnete Einstellung der künstlichen Ernährung bei der schwerkranken, alten Mutter des Sohnes zu deren vorzeitigem Tod führte. Die Mutter hatte hierbei sogar nur *mündlich* früher einmal für sich eine solche Maßnahme abgelehnt.

Damit die Patientenverfügung wirksam wird, ist es wichtig, (a) sich eine gute Vorlage zu beschaffen (Adressen untenstehend), (b) einen gut sichtbaren Vermerk über den Aufbewahrungsort der Verfügung bei den Ausweispapieren und auf der Innenseite der Wohnungstür anzubringen, (c) die Unterschrift der Verfügung regelmäßig zu erneuern, (d) mit der benannten Vertrauensperson regelmäßig Kontakt zu halten und (e) den Hausarzt über die Verfügung zu informieren.

✗ Adressen, bei denen Patientenverfügungen angefordert werden können:

»Patientenverfügung in Verbindung mit Vollmacht und Betreuungsverfügung« – Ausführliche Informationsbroschüre und Vorlagen gegen DM 5.– plus Porto, Christopherus Hospiz Verein e.V., Rotkreuzplatz 2a, 80634 München, Tel. 089–1307870.

Patientenverfügung der Ev.-Luth. Kirche Bayerns (0,15 DM + Porto), GWD Hans Venus GmbH, Birkerstr. 22, 80636 München, Tel. 089–188018, Fax 089–181455.

Die überregionalen Hospizinitiativen IGSL und OMEGA (Adressen siehe Anhang) versenden auf Anfrage ebenfalls eigene Patientenverfügungen und Informationsmaterial hierzu.

Organspende
Über 20.000 Menschen in der Bundesrepublik warten auf eine Nierentransplantation. Der Bedarf an Organspenden ist groß, die Anzahl der Spender jedoch sinkt. Als Spender in Frage kommen Menschen, die zum Beispiel durch einen Unfall oder eine Hirnblutung einen tödlichen Hirnschaden erfahren haben und von daher als sogenannte »Hirntote« (vgl. Todeszeitpunkt) durch Maschinen künstlich am Leben erhalten werden. Da die Durchblutung von Leber, Niere, Herz, Lunge oder Bauchspeicheldrüse erhalten bleibt, können alle diese Organe einschließlich der Hornhaut des Auges für Transplantationen genutzt werden. Während bei Herzspenden inzwischen eine Altersgrenze von 65 Jahren angegeben wird, können auch von über 80jährigen noch Nieren oder Leber gespendet werden.

In Deutschland gibt es im Rahmen der Organspende die »erweiterte Zustimmungslösung«. Sie beinhaltet, daß nur demjenigen Organe entnommen werden können, der zu Lebzeiten einen »Organspenderausweis« ausgefüllt hat. Liegt ein solcher ausgefüllter Ausweis nicht vor, können die Angehörigen nach dem Tod stellvertretend einer Transplantation zustimmen.

✘ Adressen, bei denen Sie einen solchen Ausweis beziehen können:

Deutsche Stiftung Organtransplantation, Stadtfelddamm 65, 30625 Hannover, Tel. 0511–551241, Fax: 0511–556747
Arbeitkreis Organspende, Postfach 1532, 63263 Neu-Isenburg, Tel. 06102–3590.

In manchen Ländern (z.B. Österreich) gibt es zur Erhöhung der Organspenden die »Widerspruchslösung«. Dort werden alle Schüler ab 16 Jahren über Organspenden informiert, und jeder, der danach keinen Ausweis bei sich trägt, in dem er eine Spende ablehnt, wird als potentieller Spender betrachtet. Viele Menschen fürchten immer noch, durch ihre Bereitschaft zur Organspende vorzeitig von lebenserhaltenden Maschinen abgesetzt zu werden, und haben deshalb Bedenken, den Spenderpaß auszufüllen. Anderen wiederum gibt die Spende das Gefühl, selbst bei eigener hoffnungsloser Erkrankung noch anderen Leben erhalten zu helfen (vgl. hierzu die gemeinsame positive Erklärung zur Organspende der christlichen Kirchen im Jahr 1990). Eine solche sehr persönliche Entscheidung muß jeder für sich allein treffen. Da für die Voraussetzung des »Hirntods« sehr strenge medizinische Kriterien von zwei nicht an der Transplantation beteiligten Ärzten angelegt werden, ist die Gefahr einer vorzeitigen Lebensverkürzung als Organspender relativ unwahrscheinlich. Auf der anderen Seite muß niemand Organspender werden, nur um auch im Tod noch für andere nützlich zu sein. Der Wunsch nach Unversehrtheit des eigenen Körpers auch nach dem Tod ist ein legitimes Anliegen.

✖ Literatur

Bundeszentrale für gesundheitliche Aufklärung (1996): Eine Entscheidungshilfe zum Thema Organspende. Kostenlos zu beziehen bei: BZgA, Ostmerheimerstr. 220, 51109 Köln.

Kirchenamt der EKD/Sekretariat der Deutschen Bischofskonferenz (Hg.; 1990): Organtransplantationen. Bonn/Hannover, Gemeinsame Texte 1.

Greinert, R. u. Wuttke, G. (1993): Organspende – Kritische Ansichten zur Transplantationsmedizin. Göttingen: Lamuv.

Testament

Ein gültiges Testament kann hand- (eigenhändig) oder maschinenschriftlich (öffentlich mit notarieller Beglaubigung) abgefaßt sein, es muß aber immer mit Vor- und Familiennamen unterschrieben werden. Es muß zur Klärung Angaben des Orts und des Datums beinhalten. Bei einem gemeinschaftlichen Ehegattentestament reicht es, wenn einer den Text schreibt und der andere dann mit unterschreibt. Ein Testament sollte im Todesfall verschlossen dem Amtsgericht übergeben werden, falls es dort nicht bereits hinterlegt ist.

Wenn kein geschriebenes Testament vorliegt, gilt die sogenannte gesetzliche Erbfolge. Da hierbei eheliche und nichteheliche Kinder gesetzlich gleichgestellt sind und nur die Angehörigen des Verstorbenen, nicht aber die Angehörigen des Ehepartners oder Lebensgefährten berücksichtigt werden, hat es schon in manchen Familien unliebsame Überraschungen gegeben nach dem Tod. Auch die Neuregelungen der Erbschaftssteuer bei Immobilien sowie die Möglichkeiten von Steuerersparnissen bei entsprechenden, rechtzeitigen »Schenkungen« zu Lebzeiten sind vielen unbekannt. Von daher lohnt sich der Gang zu einem Rechtsanwalt oder Notar.

✗ Preiswerte Informationsliteratur

Bei der örtlichen Verbraucherzentrale erhalten Sie Broschüren zum Thema »Erben und Vererben«.

Scholle, M. (1993): Vorsorge zur rechten Zeit – Meinen Angehörigen zuliebe. ISBN 3-926564-08-3 (ca. 6 DM). – In diesem Heft können Sie alle für ihre Hinterbliebenen wichtigen finanziellen, rechtlichen und anderen Verfügungen eintragen. Dieses Heft ist ein guter Denkanstoß für »letzte Regelungen«.

Einrichtung einer juristischen Betreuung / Vorsorgevollmacht
Falls Sie aus körperlichen oder seelischen Gründen nicht mehr in der Lage sind, Ihre persönlichen Angelegenheiten selbst zu regeln, ist die Einrichtung einer sogenannten juristischen Betreuung mit Hilfe des Vormundschaftsgerichts sinnvoll. Hierzu können Sie selbst, einer Ihrer Angehörigen oder eine andere Person aus Ihrem persönlichen Umfeld einen Antrag beim Amtsgericht stellen. Sie erhalten dann das Antragsformular. Wenn dieses ausgefüllt zum Amtsgericht geschickt wird, erfolgt der Besuch eines Amtsarztes sowie eines Vormundschaftsichters zur Festlegung der Aufgabenbereiche der beantragten juristischen Betreuung. Es sind dies in erster Linie die Aufgabenbereiche

– Vermögen
– ärztliche Maßnahmen
– Unterbringung (eventuell Wohnungsauflösung).

Vor der Verabschiedung des neuen Betreuungsrechts 1992 wurden diese Wirkungskreise »Pflegschaften« genannt. Wurden für alle drei der obengenannten Pflegschaftsbereiche Anträge gestellt, so wurde dies »Entmündigung« genannt. Diese Form des juristischen Eingriffs, der noch heute einen sehr negativen Beigeschmack hat, ist vielen Menschen im Gedächtnis, wenn es um die Einrichtung einer Betreuung geht. »Ich lasse doch meine Mutter nicht entmündigen« ist hierzu eine häufige Reaktion. Dennoch muß deutlich gesagt werden, daß es sich hier um *Schutzverhältnisse* im juristischen Sinn handelt. Insbesondere wenn mehrere Familienangehörige weit auseinanderlebend von größeren Vermögenswerten betroffen sind, kann die Einrichtung einer Vermögensbetreuung bei hirnorganisch geschädigten Kranken (z.B. Alzheimer-Kranken) allen Beteiligten nur Sicherheit geben. Da Verwandte oft von der ausführlichen Rechnungslegung vor Gericht befreit sind, ist der Schreibaufwand gering und lediglich alle zwei Jahre eine Bestandsaufstellung des Vermögens beim Amtsgericht vorzulegen. Der Kranke kann so sicher sein, daß sein Vermögen tatsächlich für ihn und seine Betreuung ausgegeben wird und sich nicht insgeheim ein bestimmter Angehöriger bereits zu Lebzeiten daran »bereichert«.

In der sogenannten *Betreuungsverfügung* – auch *Altentestament* genannt – haben Sie die Gelegenheit, bereits zu Zeiten völliger Gesundheit festzulegen, wer für den Fall Ihrer Gebrechlichkeit einmal für Sie die Rolle des juristisch bestallten »Betreuers« übernehmen soll. Auch in der obengenannten Patientenverfügung ist die Rolle eines Betreuers für ärztliche Maßnahmen bereits im Vorfeld festzulegen. Manchmal ist es sinnvoll darüber nachzudenken, ob anstelle der von unserem Tod vielleicht selbst sehr belasteten nahen Angehörigen lieber Freunde oder Geschwister als Betreuer für den ärztlichen Wirkungsbereich bestimmt werden sollten.

Insbesondere für Vermögensangelegenheiten kann auch eine *Vollmacht*, die bankintern oder notariell beglaubigt werden muß, als Vorstufe eines Betreuungsfalls ohne gerichtliche Einbeziehung sinnvoll sein.

✘ Kostenlose Informationsbroschüre

Das neue Betreuungsrecht. Bundesjustizministerium, Referat für Öffentlichkeitsarbeit, Postfach 200365, Bonn.

Suizid und Suizidprävention
Schon die Wortwahl sagt etwas über die Bewertung aus: Selbstmord, Selbsttötung, Selbsterlösung, Freitod. Menschen, die sich selbst töten, wird heute ein christliches Begräbnis nicht mehr verweigert. Selbsttötung ist straffrei, ebenso wie die »Beihilfe zum Freitod«. Viele Suizide werden nicht als solche erkannt oder als Unfälle getarnt – der Versicherung wegen oder einfach nur, um dem Gerede der Nachbarn zu entgehen. Suizide – das Wort hat sich als neutraler Begriff eingebürgert – können sehr unterschiedliche Gründe haben. Menschen, die sich sehr stark mit gesellschaftlichen Normen identifizieren, sind ebenso gefährdet (vgl. die Tradition des »Harakiri« in Japan) wie Menschen, die sich nur wenig mit gesellschaftlichen Normen identifizieren (z.B. Drogenabhängige). Zu den Risikogruppen gehören immer auch Menschen, die in einer aktuellen Krise stehen. Oft sind Verlusterlebnisse Auslöser. Insbesondere bei alten, vereinsamten Menschen über 65 Jahren ist die Anzahl der vollendeten Suizide in den letzten Jahren stetig angestiegen. Alte Menschen greifen dabei oft zu »harten« Methoden wie Sich-vor-den-Zug-Werfen oder Sich-Erhängen, was dafür spricht, daß sie nicht nur – wie bei vielen Suizidversuchen oft beabsichtigt – der Umwelt ein Warnsignal geben, sondern tatsächlich tot sein wollen.

Selten geschehen Suizide ohne Vorwarnung. Für einen Laien ist es allerdings nicht einfach zu erkennen, welche Verhaltensweisen auf eine ernsthafte Gefährdung eines Menschen hinweisen. Weder kann das Sprechen über einen Suizid diesen unbedingt auslösen, noch kann man davon ausgehn, daß jemand, der von Suizid spricht, ihn keinesfalls durchführt. Starke Schmerzen und das Gefühl, anderen zur Last zu fallen, nichts mehr wert zu sein – *ein Gefühl, das viele Schwerkranke kennen –*, auch dies ist für manche Menschen ein Grund, an Suizid zu denken. Vielleicht ist der Wunsch nach einem vorzeitigen Tod hier zunächst einmal der Wunsch, *so* nicht mehr weiterleben zu wollen.

Das Horten von Medikamenten, Verschenken liebgewordener Gegenstände, Rückzug oder auch starke Stimmungsschwankungen, risikoreiches Verhalten beim Autofahren oder mit Drogen – dies alles können Warnsignale und Anlaß für ein Gespräch sein, bei dem man den Betroffenen allerdings ernst nehmen und nicht gleich als »krank« einstufen sollte. Verhaltensalternativen aufzeigen, soziale Netzwerke ansprechen, Wertschätzung vermitteln – dies alles sagt sich leichter als es ist, wird dem Betroffenen aber sicher guttun. Daß auch intensive Zuwendung und beste medizinische Versorgung nicht immer ausreichen, um einem schwerstkranken Menschen Lebensmut zu geben, kann von Begleitern oft nur schwer akzeptiert werden, vor allem dann, wenn sie nach Mitteln zur Lebensverkürzung gefragt werden, die für sie selbst inakzeptabel sind. Dennoch kann das Thema »Suizid« in der Sterbe- und Trauerbegleitung Angehöriger nie ausgeklammert werden.

Schuldgefühle nach dem Tod eines Menschen sind bei fast alle Hinterbliebenen zu beobachten, bei Hinterbliebenen nach einem Suizid noch mehr. Untenstehendes Buch von S. Böhle kann eine Hilfe sein, ebenso wie die Kontaktadresse, bei der Sie eine Beratungsstelle zur Suizidprävention in Ihrer Nähe erfahren.

✗ Suizidprävention

Deutsche Gesellschaft für Suizidprävention – Hilfe in Lebenskrisen e.V., Prof. Dr. Manfred Wolfersdorf, BKH Bayreuth, Klinik für Psychiatrie und Psychotherapie, Nordring 2, 95445 Bayreuth, Tel. 0921–283-0.

Aktuelle Hilfe bekommen Gefährdete und ihr Umfeld immer auch bei der örtlichen Telefonseelsorge (Tel. 0800/1110111) und dem Polizeinotruf (Tel. 110).

✗ Literatur

Giernalczyk, T. (1997): Suizidgefahr – Hilfe und Verständnis. Tübingen: dgtv.

Böhle, S. (1992): Damit die Trauer Worte findet. Gespräche mit Zurückgebliebenen nach einem Suizid. Bern: Scherz.

Teising, M. (1992): Alt und lebensmüde. Suizidneigung bei älteren Menschen. München: Reinhardt.

Sterbehilfe (rechtliche und ethische Aspekte)
Maßnahmen, die der Erleichterung des Sterbens eines schwerkranken Menschen dienen, werden unter dem Begriff »Sterbehilfe« zusammengefaßt. Hierzu gehören – im Sinne der Erhaltung von Menschenwürde – zunächst alle Maßnahmen der Schmerzlinderung bei Sterbenden (auch unter Inkaufnahme eines evtl. schnelleren Todeseintritts), aber auch der gezielten Lebensverkürzung mit Einwilligung des Betroffenen oder – falls er nicht mehr ansprechbar ist – zumindest seiner vermuteten Einwilligung. Da im Dritten Reich unter dem Stichwort Euthanasie (»Guter Tod«) viele behinderte Kinder und psychisch Kranke als »lebensunwertes Leben« definiert und aus »Mitleid« getötet wurden, ist man in Deutschland verständlicherweise besonders vorsichtig mit einer Liberalisierung der Möglichkeiten zur aktiven Sterbehilfe. Der Angst vor einem künstlich hinausgezögerten Sterben durch Apparatemedizin einerseits steht dabei die Angst vor einer zu schnellen Tötung gegenüber. Die untenstehende Literatur ist nur ein kleiner Ausschnitt aus den zum Teil sehr fanatischen Auseinandersetzungen zu diesem Thema, das sowohl medizinisch als auch juristisch und moralisch-ethisch viele Grenzfragen aufwirft. Hier noch einmal kurz die wichtigsten Diskussionsargumente im Überblick:

Angst vor Verlängerung des Sterbens
– weil der Arzt nicht von der Existenz einer ausgefüllten Patientenverfügung weiß

- weil die Interpretationen des Arztes mit denen des Betreuers nicht übereinstimmen
- weil der Arzt zwar auch das Sterben abkürzen möchte, aber strafrechtliche Folgen fürchtet
- weil niemand den Wunsch des Patienten nach »Beihilfe zum Freitod« erfüllt

Angst vor Verkürzung des Sterbens
- durch Behandlungsabbruch als Mißinterpretation des mutmaßlichen Patientenwillens (»Mitleid«)
- durch Behandlungsabbruch als kostengünstigster Lösung
- durch Behandlungsabbruch zum Zweck der Organspende
- durch Behandlungsabbruch aus niederen Motiven (Habgier etc.)
- durch moralischen Druck auf Sterbende im Sinne einer Anstiftung zum Suizid.

Was die verschiedenen Formen der Sterbehilfe angeht, so hat sich inzwischen folgende Unterscheidung eingebürgert:

Passive Sterbehilfe
Verzicht auf lebensverlängernde Maßnahmen bei unheilbar Kranken mit seinem vermuteten Einverständnis (rechtlich zulässig)

Indirekte Sterbehilfe
Verabreichung schmerzlindernder Mittel unter Inkaufnahme einer Lebensverkürzung als unbeabsichtigte Nebenwirkung (rechtlich zulässig)

Aktive (direkte) Sterbehilfe
Auch »Tötung auf Verlangen« genannt, ist die gezielte Tötung eines Menschen durch Verabreichung (Spritzen oder Einflößen) eines Medikaments (strafbar).
Vom Gesetzgeber hiervon abgegrenzt wird die »Beihilfe zum Freitod«, die straffrei ist.

Im Einzelfall ist die Abgrenzung nicht immer so einfach. Zum einen schwierig und ethisch fragwürdig ist die strafrechtlich wichtige, in der Realität von Einzelfällen aber oft spitzfindige Unterscheidung zwischen »Beihilfe zum Freitod« und »Tötung auf Verlangen«. Zum anderen problematisch ist die Unterscheidung von aktiver und passiver Sterbehilfe bei der Einstellung lebenserhaltender Maßnahmen, die den natürlichen Sterbevorgang hinauszögern – handelt es sich hier um einen aktiven Eingriff oder lediglich die zukünftige Unterlassung einer lebensverlängernden Maßnahme (passive Sterbehilfe), zu deren Einrichtung der Betroffene damals nicht gefragt worden ist und vielleicht auch nie »ja« gesagt hätte? Seitdem 1993 die Niederlande in einem Gesetz die Sterbehilfe dahingehend regeln, daß in bestimmten Fällen Ärzte bei einer Tötung auf Verlangen straffrei bleiben, ist auch in Deutschland die Diskussion um die Liberalisierung einer aktiven Sterbehilfe neu entfacht. Mit dem Hinweis auf das Selbstbestimmungsrecht des Menschen wird die gesetzliche Verankerung eines »Rechts auf ein würdiges Sterben« postuliert, das dann allerdings auch »Tötungseinrichtungen« zur Einlösung dieses Rechtsanspruchs mit entsprechendem Personal fordern müßte.

Sterbebegleitung mit moderner, ganzheitlicher Schmerztherapie ist ein Weg, Menschen die Angst vor dem Sterben zu nehmen und damit dem Wunsch nach Lebensverkürzung entgegenzutreten. Die Beibehaltung des Tötungsverbots und die weiterhin strafbewehrte Hilfspflicht in Suizidfällen sind ein anderer Weg, um insbesondere alte, gebrechliche oder kranke Menschen nicht unter Erwartungsdruck zu setzen, sich selbst zu töten oder um den Tod zu bitten, nur um uns nicht mehr »zur Last zu fallen«.

✘ Weiterführende Literatur

Klee, E. (1990): »Durch Zyankali erlöst« – Sterbehilfe und Euthanasie heute. Frankfurt: Fischer TB. – Kritische Darstellung der heutigen »neuen« Euthanasiebewegung mit Rückblick auf die deutschen Geschehnisse von 1933–1945.

Jens, W. u. Küng, H. (1995): Menschenwürdig sterben. Ein Plädoyer für Selbstverantwortung. München: Piper. – Die eher positive Stellungnahmen eines Theologen und eines Rhetorikers zur Liberalisierung der Gesetzgebung mit kritischen Anmerkungen eines Juristen (Eser) und eines Mediziners (Niethammer) hierzu.

Kuhlmann, A. (1995): Sterbehilfe. Reinbek: Rowohlt, rororo special. – Vielseitige, interdisziplinäre Darstellung der wichtigsten Positionen zur Sterbehilfethematik.

Rest, F. (1997): Sterbebegleitung statt Sterbehilfe. Damit das Leben auch im Sterben lebenswert bleibt. Freiburg: Herder.

Nach dem Tod

Todeszeitpunkt/Totenschein

Nach Eintritt des Todes muß ein Arzt gerufen werden, der den Todeszeitpunkt und die Todesart feststellt und auf dem Totenschein einträgt, ob es sich um einen natürlichen Tod handelt. Falls es sich nicht um eine natürliche Todesursache handelt, muß die Polizei dem Todesfall nachgehen und eine Obduktion, das heißt Leichenöffnung, zur Feststellung der eigentlichen Todesursache anordnen.

Es besteht keine Eile mit dem Herbeirufen des Arztes, wenn Sie wissen, daß es sich um einen natürlichen Tod handelt. Gönnen Sie sich die Stunde des Abschiednehmens vom Toten. Die Leiche darf nach gesetzlichen Bestimmungen bis zu 36 Stunden im Haus bleiben.

Die Feststellung des Todes geschieht normalerweise durch sichere Todeszeichen: Herzstillstand, fehlender Puls, kein Atem mehr. Später stellen sich Totenflecken und nach einigen Stunden die Totenstarre ein. Als zu Beginn der 60er Jahre durch die Möglichkeiten der Herzdruckmassage und der künstlichen Beatmung Methoden der Wiederbelebung entwickelt wurden, mit der Menschen nicht nur wieder vollständig ins Leben zurückgeholt, sondern auch – zum Teil schwer geschädigt – durch Maschinen am Leben erhalten werden konnten, wurde die Bestimmung des Todeszeitpunkts schwieriger. Wie bei den Fragen der Sterbehilfe, der Organtransplantation und der Patientenverfügung, die alle miteinander verbunden sind, gab es auch hier kontroverse Meinungen zum medizinisch und ethisch Vertretbaren einerseits sowie Machbaren andererseits.

Im Jahr 1968 wurde aus den USA für Zweifelsfälle das sogenannte Hirntodkriterium übernommen, bei dem ein im Koma liegender Mensch als »tot« definiert wird, wenn seine Hirnfunktionen im Großhirn erloschen sind und die lebenserhaltenden Funktionen nur noch apparativ aufrechterhalten werden. Erst nach einer solchen Feststellung ist eine Transplantation möglich. Da ein solcher Mensch immer noch sehr lebendig aussieht (die Haut ist z.B. rosig durchblutet) und eine derartig »hirntote« Frau sogar noch eine Schwangerschaft fortsetzen kann, fällt es vielen schwer, diese Todesdefinition zu akzeptieren. Laut Transplantationsgesetz von 1997 müssen zwei unabhängige, nicht die Transplantation durchführende Ärzte den Hirntod bestätigen.

Hier treffen – ähnlich wie bei der Sterbehilfefrage – die Angst vor einem zu schnell definierten Tod und die gleichzeitige Angst vor einem zu spät beendeten menschenunwürdigen Leben an Maschinen zusammen. Vorsorge und Information sind notwendige Elemente zu Entängstigung. Eine endgültige Lösung der Probleme auf den verschiedenen Ebenen ist jedoch nicht möglich. Es wäre bereits viel gewonnen, wenn die Diskussion über den eigentlichen Todeszeitpunkt nicht die menschenwürdige Versorgung der unzweifelhaft noch »Lebenden« im Angesicht des Todes in den Hintergrund drängen würde.

✘ Weiterführende Literatur

Hoff, J. u. in der Schmitten, J. (1994): Wann ist der Mensch tod? – Organverpflanzung und Hirntodkriterium. Reinbek: Rowohlt.

IGSL (1995): Sonderheft des »Wegbegleiter« zum Thema »Hirntod und Organspende«. (Kontaktadresse der Hospizinitiative IGSL im Anhang).

Beerdigung

Als Leitgedanke für die Beerdigung gilt, daß man sich Zeit lassen sollte zur individuellen Gestaltung, und es immer hilfreich ist, sich möglichst *vorher* schon darüber zu unterhalten, was dem Betroffenen wichtig ist. Die unter dem Stichwort »Testament« angegebene Broschüre »Meinen Angehörigen zuliebe« ist dafür ebenso geeignet wie ein Fragebogen in dem untenstehenden Buch von Tausch-Flammer und Bickel. Die Beerdigungsunternehmen stellen ebenfalls einen »Vorsorgeplan« zur Verfügung.

Wenn es auch nicht einfach ist, den richtigen Zeitpunkt für solche Gespräche zu finden, so kann beispielsweise die Beerdigung eines Bekannten Anlaß sein, auf eigene Wünsch zu sprechen zu kommen. Sowohl Ihnen als auch Ihren Angehörigen wird es dann »im Ernstfall« mit dem Wissen um den tatsächlich geäußerten »letzten Willen« leichter fallen, sowohl mit »geschäftstüchtigen« Angeboten als auch eigenen Schuldgefühlen und Unsicherheiten umzugehen. Ihre Wünsche und Anweisungen zur Beerdigung sollten Sie allerdings getrennt vom Testament aufbewahren, da dies normalerweise erst nach der Beerdigung eröffnet wird.

Es gibt verschiedene Arten von Beerdigungsformen:
- das konventionelle *Erdbegräbnis,*
- die *Feuerbestattung*, zu der eine Einwilligung des Verstorbenen sowie eine amtsärztliche Untersuchung des Toten notwendig ist. Das Verbrennen des Sarges (Einäscherung) wird oft mehrere Tage zeitversetzt mit der Urnenbeisetzung vorgenommen. Die Urne kann in einem Erdgrab (christlich) beigesetzt werden,
- bei der *Seebestattung* wird die Urne von einem Schiff aus, auf dem die Angehörigen mitfahren können, auf dem Meer versenkt,
- bei einer *anonymen Beerdigung* wird die Urne auf einem Gemeinschaftsfeld ohne eigenen Grabstein – und ohne Bekanntgabe des genauen Beerdigungsfelds an die Hinterbliebenen – beigesetzt.

Die Beerdigung sowie das Grab dienen nicht nur dem Gedenken des Verstorbenen, sondern haben auch eine Funktion für die Hinterbliebenen. Daran sollte man auch denken, wenn man sich etwa für eine Begräbnisart ohne erkennbare Grabstelle entscheidet.

Es gibt viele Möglichkeiten der individuellen Mitbeteiligung an der Versorgung des Toten, und immer mehr Beerdigungsunternehmen sind hier aufgeschlossene Gesprächspartner. Totenwachen sind zu Hause, aber auch an anderen Orten möglich. Waschen und Anziehen – dies alles kann einem noch einmal das Gefühl geben, bis zuletzt einen lieben Menschen liebevoll und angemessen zu versorgen. Darüber hinaus erleichtert die Berührung des Toten auch das eigene Abschiednehmen und das In-Gang-Kommen des Trauerprozesses. Abbildung 4 auf der folgenden Seite zeigt den ungefähren Ablauf einer eher konventionellen Beerdigung. Dieses Schema soll lediglich zur Orientierung dienen.

✘ Folgende Bücher geben gute Hinweise zur Versorgung Toter und zu Beerdigungsfragen:

Tausch-Flammer, D. u. Bickel, L. (1995): Wenn ein Mensch gestorben ist – wie gehen wir mit den Toten um? Freiburg: Herder. – Einfühlsame und praktische Hinweise zur Versorgung eines Toten und zur Beerdigungsgestaltung.

Thomas, C. (1994): Berührungsangst? Vom Umgang mit der Leiche. Köln: VGS. – Interessante historische Zusammenstellung von Totenritualen mit vielen Interviews und biographisch belegten Gedanken zum Thema.

Verbraucherberatung (1991): Was tun, wenn jemand stirbt? Ein Ratgeber in Bestattungsfragen.

Schormann, H. (1987): Ratgeber bei Trauerfällen. Ein Wegweiser für Hinterbliebene. Was vor und bei einem Sterbefall zu beachten und zu erledigen ist. Düsseldorf: Fachverlag des deutschen Bestattungsgewerbes.

Benachrichtigung des Arztes → Totenschein	Weitere Angehörige benachrichtigen, die helfen können
Standesamt → Sterbeurkunde	Standesamt → zusätzliche Formalitäten für Feuerbestattungen erledigen
Bestatter beachrichtigen → Überführung → Einsargung (Leihsarg)	Bestatter aufsuchen → Sarg wählen → Bestatter beauftragen Leistungsumfang festlegen
Standesamt/Friedhofs-Krematoriumsverwaltung → Zeitpunkt der Bestattung	
Kirchengemeinde → Zeit Trauergottesdienst → Bestattungstermin mitteilen	Kirchengemeinde → evt. Besuch des Pfarrers vereinbaren Nichtkonfessionelle Redner → alternativ vereinbaren

Abbildung 4: Ungefährer Ablauf einer Beerdigung

Gaststätte → Reservierung (telefonisch)	Tageszeitung → Todesanzeige bestellen

Druckerei → Totenbriefe → evt. Einladungen für Bewirtung (Umschläge mitbringen)	Tageszeitung → evt. auch früher benachrichtigen (Anzeigenschluß)

Bestattungsunternehmen → Sarg → Sargausstattung	Friedhofsverwaltung → Aufbewahrung der Leiche vereinbaren
Friedhof → Wahlgrab aussuchen	

Blumengeschäft → Kranz → Sarggesteck → Kranzschleifen be- drucken lassen	Friedhofsverwaltung → Aufbewahrung evt. früher vereinbaren für Hinweis im Toten- brief

(aus: E. Daum u. F. Johannsen, Leben, Sterben, Tod. Göttingen:
Vandenhoeck & Ruprecht, 1993)

81

Trauern – der Seele Zeit lassen,
auf den Verlust zu antworten

Trauer ist keine Krankheit, doch verdrängte Trauer kann krank machen. Trauer ist schmerzhaft, und Trauern braucht Zeit, oft viel Zeit – darum paßt Trauern auch so schlecht in unsere schnellebige Gegenwart. Trauern ist auch kein Wettbewerb, in dem andere uns vorgeben können, wann wir das »Ziel« erreichen müssen. Dennoch kann das Wissen um bestimmte Regelhaftigkeiten und günstige Rahmenbedingungen für die Bewältigung persönlicher Trauer und zur Unterstützung anderer hilfreich sein.

Der Trauerprozeß

Was ist Trauerarbeit?

Wenn man die Tageszeitungen aufmerksam durchliest, hat man viele Gelegenheiten, in Todesanzeigen die unterschiedlichsten Akzente der Trauer zu entdecken. Manchmal wundert man sich, daß der Tod eines sehr alten Menschen »nach langer, schwerer Krankheit, jedoch plötzlich und unerwartet« beklagt wird. Manchmal überwiegt die Dankbarkeit an das vergangene Leben mit dem Verstorbenen, manchmal aber spürt man auch noch die Schuldgefühle und das Ringen um Vergebung, wenn in einer Anzeige ein Satz vorkommt wie »es war uns versagt, Frieden zu schließen«. Die quälende Frage nach dem Sinn eines frühen, auch noch gewaltsamen Todes wird aus dem folgenden Text ersichtlich, der – unter anderem Namen – vor kurzem in einer Tageszeitung erschien:

Die zum Teil widerstreitenden Gefühle und Verhaltensweisen der Hinterbliebenen erstaunen und erschrecken nicht nur die Umwelt, sondern auch den Trauernden selbst. Oft fragt er sich, ob er noch »normal« ist.

Trauer ist zunächst einmal eine natürliche Reaktion auf ein Verlusterlebnis. Die Trauer nach dem Tod eines Menschen ist dabei nur ein Sonderfall. Wir haben etwas verloren und müssen nun den schmerzlichen Umgewöhnungsprozeß beginnen. Wir müssen von alten Gewohnheiten Abschied nehmen und uns mehr oder weniger widerstrebend an neue Bindungen gewöhnen. Diesen Trauerprozeß stellt schematisch Abbildung 5 am Beispiel des Partnerverlustes dar.

Jahre   Monate

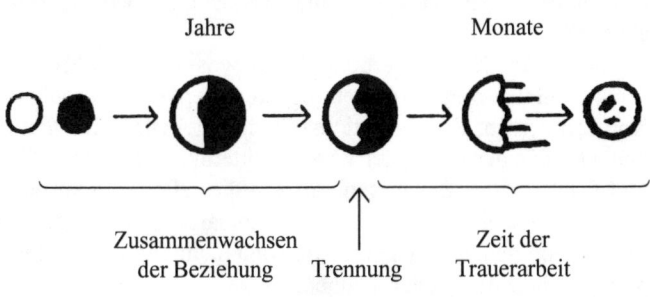

Zusammenwachsen   Zeit der
der Beziehung   Trennung   Trauerarbeit

Abbildung 5: Schematische Darstellung des Trauerprozesses

Durch das Zusammenwachsen zweier Menschen im Laufe einer jahrelangen Beziehung werden sie schließlich zu einer Einheit, die immer mehr gemeinsame Berührungspunkte hat. Nach dem Tod eines Partners liegen alle ehemaligen Berührungspunkte und Verbindungslinien zum anderen wie offene Wunden da. Der zurückgebliebene Teil fühlt sich beraubt und unvollständig. Er möchte den verlorenen Teil wiederhaben und kann nur schwer akzeptieren, daß dies nie mehr möglich sein wird. Immer wieder laufen die Gewohnheiten »ins Leere«. Man muß nun allein frühstücken, allein die vertrauten Wege gehen und allein schlafen. Diese vielen kleinen schmerzvollen Abschiede vom bisher Vertrauten werden »Trauerarbeit« genannt. Das Wort Trauerarbeit unterstreicht dabei, daß es hier um eine aktive Tätigkeit des Trauernden geht. Da hilft keine Betäubung oder Ablenkung. Viele, die es mit Drogen, hektischer Geschäftigkeit oder Reisen versucht haben, merken hinterher, daß sie immer noch am Anfang ihrer aktiven Trauerarbeit stehen.

Wenn wir uns noch einmal die Abbildung 5 betrachten, dann sehen wir, daß nach einer gewissen Zeit der Trauer der einzelne am Ende wieder zu einer runden, vollständigen Person geworden ist. Er hat Teile des Verstorbenen verinnerlicht, indem er einige seiner Rollen und vielleicht auch Vorlieben und Ansichten in die eigene Person integriert hat. Zu beachten ist dabei, daß der Endkreis größer als der Anfangskreis vor Beginn der Zweierbeziehung ist. Dies soll zeigen, daß überstandene Trauer trotz eines Verlusts uns reicher machen kann, daß wir *mehr* sind als vorher.

Trauer betrifft wie Sterben alle Dimensionen des Menschseins. Schlafstörungen, Appetitlosigkeit, Verdauungsprobleme, Kopfschmerzen, Konzentrationsschwierigkeiten, Halluzinationen, Gefühle der Leere, der Wut, Verbitterung, Hadern mit Gott und Rückzug des Bekanntenkreises – dies alles sind körperliche, geistig-seelische, spirituelle und soziale Auswirkungen der Trauer, von denen sich Trauernde von einem Tag zum anderen plötzlich betroffen sehen können.

Was den zeitlichen Ablauf des Trauerprozesses angeht, so

sind analog zu den Sterbephasen von Kübler-Ross auch von vielen Autoren sogenannte Trauerphasen vorgeschlagen worden. Auch hier gilt die Kritik, die bereits bei den Sterbephasen angebracht wurde: Weder weiß man, ob jeder einzelne auch alle Phasen durchläuft, noch ob die Reihenfolge der Phasen so wie angegeben stattfindet, und auch über die Dauer verschiedener Phasen können keine genauen Angaben gemacht werden. Dennoch soll kurz auf die Trauerphasen eingegangen werden, insbesondere weil sich Trauernde ohnehin in der Zeit der Trauer in einem Gefühlschaos befinden und es von daher als hilfreich einstufen, gewisse Regelhaftigkeiten vor Augen zu haben, die auf eine Vorwärtsentwicklung hinweisen können.

Zu Beginn steht der *Schock*, der je nach der Art der Todesumstände mit mehr oder weniger starken Versuchen der Leugnung des eingetretenen Verlustereignisses einhergeht. Es folgt dann oft eine Art *Betäubung*, in der die Hinterbliebenen schildern, daß sie manche Vorgänge, zum Beispiel die Beerdigung, »wie einen Film haben ablaufen sehen« – einen Film, in dem sie sich selbst wie einen Fremden betrachtet haben. Nach dieser eher *kontrollierten Phase* ergibt sich dann die eigentliche akute Trauer mit einer völligen Desorganisation der Person und dem aufbrechenden *Gefühlschaos*. Sie erinnert an die Phase der Wut bei den Sterbephasen. Zu den aufbrechenden Emotionen der Trauer gehören neben *Wut* auch *Angst, Verzweiflung, Sehnsucht* und auch *Schuldgefühle*. Oft richten sich die ersten Aggressionen gegen vermeintliche Mitverursacher des Todes, wie Ärzte oder Unfallgegner. Wird die Wut gegen die eigene Person gerichtet, so können neben den Schuldgefühlen auch *Depressionen* entstehen. Die sehr intensiven Schmerzen der *Sehnsucht*, in der der Trauernde auf der Suche nach seiner verlorenen »besseren Hälfte« ist, machen den Wunsch verständlich, möglichst bald »nachzusterben«, um so mit dem Toten wieder vereint zu sein.

Wenn bei dem suchenden Hinterbliebenen nach dem vielen vergeblichen Ins-Leere-Laufen sich allmählich andere Gewohnheiten festigen, dann ist er bei der Phase der *Reorganisa-*

tion angelangt, einer Neuanpassung an seine Umwelt. Er weiß nun langsam, wovon er Abschied nehmen muß, und was er für immer als Erinnerung an den Verstorbenen behalten will. Wichtige, nicht mehr rückgängig zu machende Veränderungen, wie vielleicht den Verkauf von Möbeln, das Verschenken von Kleidern oder gar ein Umzug, sollten möglichst erst in dieser Zeit der emotionalen Ablösung endgültig entschieden werden. Erst in dieser Zeit eines veränderten Welt- und Selbstkonzepts, das an die Akzeptanz-Phase beim Sterben erinnert, kann der Trauernde wieder stabile Beziehungen zum Mitmenschen aufbauen. Dabei ist es nicht sinnvoll zu fragen, wann Trauer vorbei ist. Manche sagen: »Trauer ist nie vorbei, man kann nur lernen, mir ihr zu leben« oder »Die Trauer verläßt dich nicht, du verläßt die Trauer«.

Die Trauer nach dem Tod eines Menschen ist nur eine Form von Trauer. Im Laufe unseres gesamten Lebens haben wir immer wieder Verlusterlebnisse zu verarbeiten. Der Schulabschluß, ein Umzug, die Hochzeit oder die Arbeitslosigkeit und die Pensionierung – dies sind alles sind Abschiede, denen unterschiedlich schnell andere Neubeginne folgen. Wir wollen uns im folgenden jedoch bei dem Begriff Trauer auf die Trauer der Hinterbliebenen nach dem Tod eines Angehörigen beschränken.

Einschätzen von Risikofaktoren

Trauer verläuft wellenförmig. An manchen Tagen geht es dem Trauernden schon ganz gut, an anderen können ihn unerwartete Ereignisse plötzlich zurückwerfen, so daß der Schmerz des Verlustes so stark oder noch stärker als in der ersten Woche ist. Was »normale« Trauer ist und wann bereits eine besorgniserregende, »pathologische« Entwicklung, vielleicht sogar eine Depression einsetzt, ist schwer zu beurteilen. Insbesondere wenn Trauer sehr lange dauert oder sehr schmerzhaft verläuft, mit intensiven gesundheitlichen Beeinträchtigungen beim Betroffenen oder seinen Angehörigen, spätestens dann wird Hilfe von außen notwendig sein. Um die Intensität und Dauer eines Trauerverlaufes einschätzen zu können, ist die Kenntnis folgender Risikofaktoren hilfreich:

Faktor 1: Todesumstände
Die Todesumstände bestimmen den jeweiligen individuellen Einstieg in die persönliche Trauerarbeit. Ist jemand sanft im Kreise seiner Familie nach einer langen Krankheit verstorben, war die Ehefrau Zeugin beim Unfalltod des Mannes, war es ein verzweifelter einsamer Selbstmord, oder hat die Mutter niemals die Leiche der Tochter nach einem Flugzeugabsturz gesehen? Wieviele unterschiedliche Gefühle erwecken doch allein diese Kurzbeschreibungen möglicher Begleitumstände eines Todes. Ob die Angehörigen den Toten gesehen haben, ob sie Gelegenheit hatten, in Ruhe Abschied zu nehmen, ob Gewaltanwendung im Spiel war oder auf welche Weise sie vom Tode des Angehörigen erfahren haben, dies alles sollte man wissen, um den Beginn einer Trauergeschichte richtig erfassen zu können. Die Frage nach der Art, wie jemand starb oder was am Todestag geschah, bis hin zu der Frage, wie die Beerdigung verlief, sind Anhaltspunkte, um die Todesumstände zur Sprache zu bringen.

Faktor 2: Person des Verstorbenen und die Beziehung zu ihm
Was war der Verstorbene für ein Mensch, welche Rolle spielte er für den Hinterbliebenen? War er der alleinige Ernährer, ein guter Freund oder jemand, dem man mit gemischten Gefühlen gegenüberstand? Die Antwort auf diese Fragen zeigt die Art der Beziehung zum Verstorbenen und kann ein Hinweis dafür sein, inwieweit (realistischerweise, bereits) positive *und* negative Erinnerungen an den Toten geschildert werden können. Hierbei ist es manchmal hilfreich, sich auch den Beginn einer Beziehung schildern zu lassen, da hierbei das ganze Spektrum einer Beziehung aufleuchten kann.

Faktor 3: Die Person des Hinterbliebenen
Jeder Hinterbliebene hat bereits früher in seinem Leben einmal

Verlusterlebnisse verarbeiten müssen. Die Frage nach früheren Krankheiten, Trauerfällen in der Kindheit, Arbeitslosigkeit oder Umzügen erhellen die Biographie und helfen, erworbene Krisenbewältigungsstrategien und Abwehrmechanismen zu erkennen. Dabei spielen auch entwicklungsspezifische Einflüsse sowie religiöse und gesellschaftliche Normen eine Rolle. Die Frage, wie frühere Krisen bewältigt wurden, ist hierbei von zentraler Bedeutung.

Faktor 4: Heutige Lebensumstände

In welcher Weise unterstützen, hemmen oder blockieren Umwelteinflüsse den Trauerverlauf? Betonen sie eher die negativen oder positiven Aspekte der Beziehung zum Verstorbenen, sind kleine Kinder zu versorgen und in der eigenen Trauer zu begleiten, gibt es finanzielle Probleme? Wird eine Berufstätigkeit ausgeübt, aufgegeben oder angestrebt? Alle diese Fragen gehören zum Umfeld des Trauernden, das mehr oder weniger hilfreich bei der Bewältigung von Traueraufgaben wirken kann.

Exkurs: *Kinder und Tod*

Bei aller Einheitlichkeit des Trauergefühls gibt es doch Varianten, je nachdem ob der Partner, das Kind oder die Eltern gestorben sind. Wenn wir den Blick weg vom Verstorbenen und seiner Rolle für den Hinterbliebenen auf den Hinterbliebenen selbst lenken, so ist auch das Alter des Trauernden eine wichtige Variable beim Ablauf des Trauerprozesses. Trauer im weiteren Sinn beinhaltet sowohl das Akzeptierenmüssen des eigenen Sterbens wie auch Trauer um den Verlust eines lieben Menschen. Erwachsenen fällt es oft schwer, die Trauerreaktion von Kindern richtig einzuschätzen. Manchmal machen sie sich Sorgen, daß die Kinder mit der Trauer nicht fertigwerden könnten, manchmal haben sie das Gefühl, daß nicht »richtig« getrauert wird. Im folgenden sollen einige wichtige Anmerkungen zum Verständnis kindlicher Trauer gegeben werden.

Kinder als Sterbende

Vor dem schulpflichtigen Alter haben Kinder nur sehr unklare Vorstellungen von der Endgültigkeit des Todes. Dennoch erfassen sie ihr eigenes Sterben gefühlsmäßig oft klarer, als Erwachsene glauben, was in der Feststellung »Sterben macht erwachsen« zum Ausdruck kommt. Sie gehen damit ungezwungener und offener um als die betroffenen erwachsenen Angehörigen. Kinder verwenden sehr oft Symbolsprache und Zeichnungen, um ihre Auseinandersetzung mit dem kommenden Tod zu verdeutlichen. Einfühlsame Offenheit und liebevolle Fürsorge ohne Überbehütung bei langer Krankheit verlangen den Eltern oft einiges ab. Wichtig bleibt auch bis zuletzt der Kontakt zu gleichaltrigen Freunden und Geschwistern, damit das Kind sich nicht bereits frühzeitig ausgesondert fühlt.

Insbesondere die Eltern sterbender Kinder sowie die gleichaltrigen Begleiter brauchen dabei ebenfalls Unterstützung. Vor allem in den onkologischen Stationen der Krankenhäuser hat die psychosoziale und seelsorgerliche Betreuung sterbender Kinder und ihrer Familien erfreulicherweise einen immer größeren Stellenwert erhalten. Unter »verwaisten Eltern« versteht man diejenigen Eltern, die ein Kind durch einen Todesfall verloren haben. Es ist oft schwer, diese Eltern in ihrem Schmerz wirklich zu verstehen. Viele Ehen scheitern sogar an der unterschiedlich gelebten Trauer und enttäuschten Erwartungen an den Partner. Daher haben sich für diesen Personenkreis Selbsthilfegruppen gebildet, auf die im Anhang verwiesen wird. Hier werden auch Gruppen für Geschwisterkinder angeboten, die auf ihre ganz eigene Art mitbetroffen sind, mittrauern und über der Trauer der Eltern oft vergessen werden.

Kinder als Hinterbliebene

Kinder werden von familiärer Trauer oft ausgegrenzt. Sie werden auf Beerdigungen nicht mitgenommen, und ihnen gegenüber wird oft nur in verschleierter Sprache vom Tod gesprochen (»Opa ist eingeschlafen«).

Aus entwicklungspsychologischer Sicht gibt es mit dem Alter variierende Vorstellungen vom Tod. Kinder bis ungefähr 5 Jahren können die Endgültigkeit des Todes intellektuell kaum verstehen – Tote können also lebendig werden und wiederkommen! Wenn sich auch allmählich das Begreifen der Irreversibilität des Todes bis etwa zum Alter von 9 Jahren entwickelt, so sind die Vorstellung der eigenen Sterblichkeit oder der Tod der Eltern für die meisten Kinder doch noch kaum zu realisieren. Erst im Alter von etwa 12 Jahren haben Kinder eine ähnliche Vorstellung vom Tod und seinen Begleiterscheinungen wie Erwachsene.

Was Kinder in *allen* Altersbereichen irgendwie miterleben, ist die veränderte, bedrückte Stimmungslage der Erwachsenen in der Trauer, die in der Karikatur der Abbildung 6 zum Ausdruck kommt.

Kinder haben im Zusammenhang mit dem Tod eines Angehörigen oft Angst vor weiteren Veränderungen. Von daher ist es wichtig, dieser Angst vor einem weiteren Verlust von Bezugspersonen entgegenzuarbeiten. Umzüge oder ein Schulwechsel sollten unter diesen Umständen nur im äußersten Notfall stattfinden.

Trauern in Gegenwart von Kindern ist immer ein Balanceakt. Auf der einen Seite müssen Kinder Abschied nehmen dürfen und erleben, daß Weinen und Klagen dazugehören, auf der anderen Seite sind sie sehr sensibel, wenn zu großer Schmerz über den erlittenen Verlust sie nach dem Wert der eigenen Anwesenheit fragen läßt. »Mama, warum bist du denn so traurig, wenn der Bruder gestorben ist, wo *ich* doch noch lebe?« Ein angemessener Umgang mit der Trauer von Kindern ist gemeinsames Weinen und dabei gleichzeitig das Kind liebevoll im Arm zu halten. Die Trauer von Kindern verläuft oft nicht so stetig wie die Trauer von Erwachsenen. Zeiten des unbeschwerten Spiels wechseln mit Zeiten der Traurigkeit ab. Viele Erwachsene interpretieren dies als Zeichen von Oberflächlichkeit und reagieren ablehnend oder vorwurfsvoll. Bei der Trauer scheinen Kinder nicht so konzentriert wie Erwachsene zu sein. Das heißt aber nicht, daß ihre Trauer nicht tief geht, es ist ihre eigene Art, mit

Abbildung 6: Karikatur von Gerd Bauer
(aus: »Schluß jetzt!« – das Buch zur Caricatura II, S. 51,
Kassel 1992)

den intensiven Gefühlen der Angst, der Sehnsucht und der Wut
zu leben. Wenn, wie im Beispiel einer verwitweten Mutter geschehen, diese Mutter plötzlich anfängt, ihre Kinder zu quälen,
damit sie endlich so wie sie den Tod des Vaters beweinen, ist der
Zeitpunkt für den Begleiter gekommen, einzugreifen. Kinder

91

müssen nicht trauern, sie sollen trauern *dürfen*. Wir müssen ihnen Raum geben, ihre Gefühle auszudrücken, jedoch sie nicht zwingen, nach den Maßstäben Erwachsener ihren Schmerz zu offenbaren. Das liebevolle Eingebundensein in eine möglichst stabil gebliebene Umgebung – auch unter Mithilfe von Nachbarn, Freunden und Lehrern – ist immer noch der beste Weg, Kindern das Leben nach einem Verlust erträglich zu machen.

Man kann als Erwachsener in der Trauerbegeitung für Kinder nicht immer hilfreich sein. Gerade wenn man in der eigenen Trauer noch tief verstrickt ist, fällt einem der Blick auf ein vielleicht etwas anders trauerndes Kind schwer. Wer soll hier auf wen Rücksicht nehmen, wer wen stützen?

Es gibt inzwischen gute Kinderbücher, deren Lesen und gemeinsames Betrachten für Kinder eine gute Möglichkeit zur Aufarbeitung von Trauerfragen darstellen. Schauen Sie sich das Buch bitte erst selbst an, es könnte sein, daß Sie als Gesprächspartner hierzu für das Kind wichtig sind.

✖ Literaturauswahl für Kinder

Velthuijs, Max (1992): Was ist das? fragt der Frosch. Frankfurt: Sauerländer (ab 3 Jahre)

Becker, Antoinette u. Niggemeyer, E. (1979): Ich will etwas vom Tod wissen. Ravensburg: Otto Maier. (Photobilderbuch – ab 5 Jahre)

Donelly, E. (1977): Servus, Opa, sagte ich leise. Hamburg (ab 10 Jahre)

✖ Literaturauswahl für Erwachsene

Buckingham, R. W. (1987): Mit Liebe begleiten. Die Pflege sterbender Kinder. München: Kösel.

Ide, H. (1992): Wenn Kinder sich das Leben nehmen. Trauer, Klage und die Zeit danach. Stuttgart: Kreuz.

Student, J. C. (Hg.; 1992): Im Himmel welken keine Blumen. Kinder begegnen dem Tod. Freiburg: Herder.

Tausch-Flammer, D. u. Bickel, L. (1994): Wenn Kinder nach dem Sterben fragen. Freiburg: Herder. (z.T. auch für Kinder).

Lohtrop, H. (1994): Gute Hoffnung – jähes Ende. Ein Begleitbuch für

Eltern, die ihr Baby verlieren und alle, die sie unterstützen wollen. München: Kösel.

Goldmann-Posch, U. (1988): Wenn Mütter trauern. Erinnerungen an das verlorene Kind. Stuttgart: Kreuz.

Harder, G. M. (1991): Sterben und Tod eines Geschwisters. Zürich: Pro Juventute.

✘ Preiswerte Infobroschüren mit umfangreichen Literaturempfehlungen

Becker, M. u. Marthaler, K. (o. J.): Dafür seid ihr noch zu klein ... Kinder erfahren Sterben und Tod. Bingen: IGSL (Kontaktadresse siehe Anhang).

Evangelische Erwachsenenbildung Niedersachsen (1996): Wenn Kinder nach dem Tod fragen. Arbeitshilfe »vorgestellt«. Zu beziehen bei: Archivstr. 3, 30169 Hannover.

Die Hinterbliebenenbegleitung

Was ist zu tun?

Stellen Sie sich folgende Situation vor: Ein gesunder Familienvater von 40 Jahren hat einen Streit mit seiner Frau. Er verläßt im Zorn das Haus und steigt in ein Flugzeug, das über dem Meer abstürzt. Seine Leiche wird nie gefunden. Die Witwe muß wegen finanzieller Schwierigkeiten mit ihren beiden noch nicht schulpflichtigen Kindern aus dem gemeinsamen Haus ausziehen und nun bei ihrer Tante wohnen, die sie nach dem frühen Selbstmord ihrer Mutter aufgezogen hatte.

Lassen Sie uns an diesem Beispiel einmal durchspielen, welche Stadien des Trauerprozesses sich hier beobachten lassen, welche Rolle den oben aufgeführten »Risikofaktoren« zukommt und welche Aufgaben der Hinterbliebenenbegleitung sich stellen.

Wenn wir uns in die Rolle der jungen Witwe hineinversetzen, so wird der Tod ihres Mannes für sie sicherlich ein *Schock* sein. Eine besondere Rolle spielen in diesem Fall die Todesumstände. Der Tote war jung und nicht krank, sein Sterben konnte also nicht erwartet werden. Wenn dem Streit mit seiner Frau noch andere Streitigkeiten vorangegangen waren und man die Beziehung insgesamt als problembeladen bezeichnen könnte, so wird auch davon der Trauerprozeß betroffen sein, da sogenannte ambivalente Beziehungen, auch »Haßlieben« genannt, und Beziehungen mit extrem starker Abhängigkeit vom Partner besonders problematische Trauerverläufe zeigen. Wenn wir das erste Stadium des Trauerprozesses als »Phase des Schocks oder des Leugnens« bezeichnen, so wird es um so leichter sein, den Tod nicht wahrhaben zu wollen, wenn man die Leiche nicht gesehen hat. Die Witwe wird vielleicht noch lange Zeit glauben, daß ihr Mann jeden Moment zur Tür hereinkommen und sie den Kindern erzählen kann, daß er verreist war. Um dieser Fluchtmöglichkeit des Leugnens entgegenzuwirken, ist es besonders wichtig, die erste Aufgabe der Hinterbliebenenberatung (vgl. hierzu die Literaturangabe von W. Worden am Kapitelende) in Angriff zu nehmen. Diese *erste Aufgabe* lautet: *Die Realität des Verlustes verstärken.* Alles was dazu dient, den Tod zu begreifen, das heißt den Toten sehen, ihn anfassen, die Beerdigungsvorbereitungen mit in die Hand nehmen, mit anderen über die Todesumstände sprechen – dies alles sind Aktivitäten, die uns klarmachen, daß hier jemand gestorben ist, daß er tot ist und nie mehr wiederkommt.

Nicht für alle Menschen ist es gleichermaßen einfach, mit den aufbrechenden Emotionen, dem Gefühlschaos, umzugehen. Die vielen widerstreitenden Gefühle, wie Wut, Schuldgefühle, Sehnsucht und Verzweiflung, erschrecken oft und werden dann verdrängt. Insbesondere Menschen, die es nie gelernt haben, ihre Gefühle zu äußern, oder die um Disziplin und Haltung ringen, sehen oft eine Schwäche darin, ihre Gefühle zuzulassen und dann auch noch in Gegenwart anderer zu äußern. Besonders negative Gefühle wie Wut auf den Verstorbenen werden nur sehr zögernd ausgedrückt: »Über Tote soll man nur Gutes sprechen!« Aus dieser Schwierigkeit des Umgangs mit den Gefühlen ergibt sich die *zweite Traueraufgabe: Das Aus-*

drücken von Gefühlen lernen. Manchen Menschen tut es gut, Tagebuch zu schreiben. Hier können sie im geschützten Rahmen ihren Gefühlen freien Lauf lassen, ohne sich vor anderen Menschen eine Blöße zu geben. Oftmals fällt es besonders schwer, vor nahestehenden Menschen Gefühle zu äußern, da man diese Menschen, die selbst um den Verstorbenen trauern, nicht noch zusätzlich mit der eigenen Traurigkeit belasten will, und ihre Art zu trauern sich vielleicht sehr von der eigenen unterscheidet. Daher ist es manchmal einfacher, sich Gesprächspartner außerhalb der Familie zu suchen, die die Ausdrucksformen des jeweils individuellen Schmerzes aushalten können. Oft fühlt man sich im Kreis Gleichbetroffener am wohlsten, weil diese Menschen am ehesten nachempfinden können, wie es einem in der Zeit der Trauer geht, ohne selbst aktuell von demselben Verlust betroffen zu sein.

Noch ein Wort zu den Tränen: Zu Beginn einer Trauer kann man oft überhaupt nicht weinen, weil man vor Schmerz starr und wie versteinert ist. Allmählich löst sich diese Versteinerung, und die Tränen beginnen zu fließen. Doch immer wieder erlebt man, daß die Umstehenden Tränen peinlich finden und versuchen, vor ihnen zu fliehen. Wer einmal erlebt hat, wie befreiend und wohltuend es für einen Trauernden sein kann, sich seiner Tränen nicht schämen zu müssen, der wird diesen Moment der »Peinlichkeit« vielleicht in Zukunft gelassener tragen können. Es kommt hier nicht darauf an, das Richtige zu sagen oder das Richtige zu tun, es kommt hier nur darauf an, auszuhalten und dazubleiben. Oft folgt nach dieser lösenden Wirkung der Tränen ein befreiendes Gespräch, in dem die vielen zurückgedrängten Gedanken, die immer wieder um den Verstorbenen kreisen, endlich Form annehmen können und mit anderen geteilt werden dürfen. Oft wird ausgedrückt, wie sehr und wo der Verstorbene jetzt fehlt und was man versucht, um ihn »wiederzufinden«.

Ein schönes Beispiel für einen solchen Versuch ist das Gedicht von Klaus Huber:

NICHTS TRENNT UNS

Ich kehre zurück
an die Orte,
wo wir uns begegnet sind,
und Du bist wieder da.
Ich gehe die Wege,
die Du gegangen bist,
Du gehst wieder mit mir.
Ich freue mich an dem,
was Dich weiterhin erfreut hätte,
Ich sehe Dich mitlächeln.
Ich gehe den Spuren nach,
die Du hinterlassen hast,
und begegne Dir immer wieder.

Nichts kann uns trennen,
wenn uns soviel verbindet.

(Klaus Huber für Wolgang M. In: »ferment«, Nr. 11/90,
Trauern, Zeiten und Zeichen der Hoffnung.
Gosau: Pallotiner Verlag)

Eine Teilnehmerin eines Trauergesprächskreises brachte einmal in die Gruppenstunde den Vorschlag eines »Tränenkäst-
chens« mit. Sie sagte: »Wenn ich es schon nicht schaffe, einen
Tag gar nicht zu weinen, so will doch versuchen, mir einen festen Moment am Tag vorzunehmen, in dem ich meinen Tränen
freien Lauf lassen kann und sie in mein Tränenkästchen weine.
Dazu ist es gut zu spüren, was die Tränen bei mir verstärkt. Zur
Zeit ist es zum Beispiel eine ganz bestimmte Musik, die ich
auflege, die mich immer zu Tränen rührt. Es tut mir gut zu wissen, daß ich dann den Schmerz ganz tief empfinde und beim
Ausschalten wieder ruhiger werden kann.« Für manche sind es
Fotos oder Filmaufnahmen – es ist gleich, womit man die eigene Trauer verstärken kann. Doch es ist wichtig zu spüren, was
die Schmerzen besonders hervorruft, denn dann hat man ein
Mittel in der Hand, um dem Schmerz nicht so ausgeliefert zu

sein. Die meisten Hinterbliebenen haben Angst, sich in die Gefühle der Trauer fallen zu lassen. Doch wer einmal erlebt hat, daß man nach der tiefen Traurigkeit und dem Tiefersinken in den Schmerz einen Punkt erreicht, an dem es nicht mehr abwärts geht, sondern von wo ab man allmählich einen kleinen »Lichtpunkt« sehen kann, der mit der Zeit immer größer wird, der fängt an, wieder an die eigenen Stärken zu glauben. Er hat auch in Zukunft keine Angst mehr, sich in seine Trauer fallenzulassen, weil er weiß, daß diese nicht mit der Selbstzerstörung oder Selbstgefährdung der eigenen Person enden muß. Dies ist der Grund, warum durchlebte Trauer uns letztlich stärker macht.

Wenn dem Gefühl des Schmerzes immer öfter auch ein Gefühl der Dankbarkeit folgt, dann ist das ein gutes Zeichen für das Voranschreiten der Trauerarbeit. Das nachfolgende Gedicht von Dietrich Bonhoeffer war in der Zeit meiner eigenen Trauer nach dem Tod eines Kindes wie ein Wegweiser durch dunkle Tage:

»Je schöner und voller die Erinnerung, desto schwerer die Trennung. Aber die Dankbarkeit verwandelt die Qual der Erinnerung in eine stille Freude. Man trägt das vergangene Schöne nicht wie einen Stachel, sondern wie ein kostbares Geschenk in sich.«
(aus: Dietrich Bonhoeffer: Widerstand und Ergebung. München, 1951)

Wenn wir uns noch einmal an unser Beispiel erinnern, dann sind neben den Todesumständen und der Beziehung zum Verstorbenen auch die Persönlichkeit der Trauernden mitsamt ihrer eigenen Verlusterfahrung ausschlaggebend dafür, wie schwierig diese Phase ist. Wir wissen zum Beispiel nicht, wie die Witwe damals den Selbstmord ihrer Mutter bewältigt hat. Wie alt war sie damals? Hat ihr Vater noch einmal geheiratet? Hat sie Geschwister bekommen? Kann sie insgesamt gut Krisen bewältigen? Ist sie körperlich gesund? Alle diese Faktoren werden die Trauer der Witwe beeinflussen. Die Gewöhnung an das Leben ohne den Verstorbenen bedeutet auch ein Sortieren und Aussortieren von Gegenständen. Neue Verhaltensmuster müssen gelernt und neue Beziehungen aufgebaut werden. Manchmal paßt man nicht mehr in den bisherigen Freundeskreis. Überhaupt sind die derzeitigen Lebensumstände ein weiterer wichtiger Faktor für den Verlauf des Trauerprozesses. Sie bestimmen stark, welche Schwierigkeiten man bei der Bewältigung der *dritten Traueraufgabe* hat: *die emotionale Ablösung vom Verstorbenen vorbereiten.* Hierzu gehört, neben dem Aussortieren der Kleidung, das Wegräumen liebgewordener Gegenstände und letztlich auch solche schmerzvollen Handlungen wie das Umräumen des Schlafzimmers oder die Streichung des Namens aus dem Telefonregister. Wenn manche Menschen noch drei Jahre nach dem Tod eines Partners den Schlafanzug gefaltet auf dem Kopfkissen des Ehebetts liegen haben, dann ist ernsthaft darüber nachzudenken, inwieweit Trauer hier in Gang gekommen ist oder ob nicht bereits die Realität des Verlustes verleugnet, das Ausdrücken von Gefühlen blockiert und die emotionale Ablösung vom Verstorbenen niemals vorbereitet wurde. Die Trauer ist dann sozusagen steckengeblieben.

Kommen wir zur letzten, *vierten Aufgabe: Hilfen zur Neuanpassung und Neudefinition von Beziehungen erarbeiten.* Insbesondere in den jetzigen Lebensumständen des oder der Hinterbliebenen sind viele Möglichkeiten zur Neudefinition von Beziehungen gegeben. Wenn kleine Kinder da sind, wird so manche Witwe ihr Lebensziel neu definieren. Man lebt nicht mehr für einen Mann, sondern für die Kinder. Sie sollen ihre Schulausbildung abschließen, einen Beruf ergreifen und, wenn es geht, in der Nähe bleiben und der Mutter vielleicht den verlorengegangenen Vater ersetzen. So naheliegend diese Neudefinition von Beziehungen auch ist, so birgt sie doch Gefahren. Kein Kind kann ein Ersatzehepartner sein, und Probleme der Ablösung werden hier nur auf einen späteren Zeitpunkt verlagert. Die Kinder sind dann ein schneller Beziehungsersatz geworden, der die wirkliche Trauerarbeit nur zeitlich verschoben hat. Viele Witwen erleben erst nach dem Aus-dem-Hause-Gehen der Kinder schmerzlich, wie allein sie eigentlich sind. Berufliche Aktivitäten, ein Bekanntenkreis von Gleichbetroffenen, Kontakte zu anderen Alleinstehenden – dies sind Möglichkeiten, auch mit eigener Kraft neue Wege zu gehen und Ziele zu finden. Insbesondere für manche älteren Frauen, die vom Elternhaus direkt in die Ehe, die Kinderversorgung und dann vielleicht noch nahtlos in die Pflege kranker Eltern, Schwiegereltern und/oder eines Partners überwechselten, stellt sich hier oft das erste mal die Frage: »Wie will ich eigentlich mein Leben gestalten?«

Schwierig wird es, wenn andere Menschen meinen zu wissen, welche Art des Trauerverhaltens sie von uns »verlangen« können. Manchmal ist es der Arzt, der sich wundert, daß die Witwe nach vier Monaten noch immer weint und ihr vorsorglich ein Antidepressivum verschreibt, und manchmal ist es die Nachbarschaft, die lästert, wenn der Witwer bereits nach einem Dreivierteljahr bei Tanzvergnügen erscheint. Viele Hinterbliebene haben tatsächlich ihre »bessere Hälfte« verloren und wollen nicht mehr weiterleben, für andere beginnt nach jahrelangem »Ehemartyrium« vielleicht jetzt erst das »wahre Leben«. So zu trauern, daß man es der Umwelt rechtmachen kann, ist schwierig und auch gar nicht angebracht. Daher muß jeder seinen eigenen Weg finden. Dies sagt sich leichter, als es getan ist, und Abbildung 7 zeigt in humoristisch-makaberer Weise, daß wir alle vor »Normvorstellungen« nicht gefeit sind.

Trauer und Depression

Trauer muß fließen. Sie muß in Gang kommen und darf nicht am Weiterfließen gehindert werden. Trauer wird manchmal mit einem Fluß verglichen. Allen Flüssen gemeinsam ist eine Quelle und eine Mündung. Als Außenstehender kann man nicht erkennen, wie tief der Fluß oder wie kalt sein Wasser ist. Auch über die Länge des Flusses sowie die Stärke der Strömung kann man zunächst wenig sagen. Vielleicht gibt es verborgene Strudel oder einen Wasserfall, der Fluß kann sogar austrocknen oder versiegen. Wenn – um beim Bild des Flusses zu bleiben –

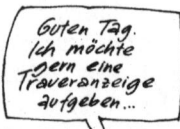

Abbildung 7: Karikatur von Erich Rauschenbach
(aus: »Schluß jetzt!« – das Buch zur Caricatura II, S. 51,
Kassel 1992)

die Quelle verstopft oder gar ein Staudamm den Fluß zurück-
hält, dann kann der Fluß nie ins Meer münden und so nicht seiner Bestimmung nachgehen.

Trauer ist keine Krankheit, doch unverarbeitete Trauer kann
krank machen. Steckengebliebene Trauer wird zur Depression.
Während trauernde Menschen oft weinen oder intensiven Ge-
fühlsschwankungen unterworfen sind, empfinden depressive
Menschen eher eine Art Gefühllosigkeit, wie sie Ricarda Huch
in folgendem Gedicht ausgedrückt hat:

> Nicht alle Schmerzen sind heilbar,
> denn manche schleichen sich tiefer und tiefer ins Herz hinein,
> und während Tage und Jahre verstreichen, werden sie Stein.
>
> Du sprichst und lachst, wie wenn nichts wäre,
> sie scheinen zerronnen wie Schaum.
> Doch du spürst ihre lastende Schwere bis in den Traum.
>
> Der Frühling kommt wieder mit Wärme und Helle,
> die Welt wird ein Blütenmeer.
> Aber in meinem Herzen ist eine Stelle, da blüht nichts mehr.
>
> (aus: Ricarda Huch: Gesammelte Werke. Bd. 5,
> »Herbstfeuer«, S. 308. Stuttgart: Kiepenheuer, 1971)

Die Depression erinnert uns an das erste Stadium des Trauer-
modells, in dem der Trauernde durch Leugnung des Verlusts in
einer Art »Totstellreflex« versucht, dem allzu großen Trauer-
schmerz auszuweichen. Das Verharren in einem Schockzustand, auch in einer gewissen Depression, kann eine Zeitlang
eine hilfreiche Überlebensfunktion für den Organismus sein.
Wenn der Betroffene aber zusehens gesundheitlich Schaden
nimmt und man den Eindruck hat, daß sich auch nach ein oder
zwei Jahren die Trauerarbeit kaum weiterentwickelt, dann ist
Eingreifen und Hilfe von außen notwendig. Oft sind dabei vom
Therapeuten nicht nur Behutsamkeit und Einfühlungsvermögen, sondern auch Provokationen nötig, um die Bewältigung

der oben erwähnten »Aufgaben der Hinterbliebenenbegleitung« wieder in Gang zu bringen.

Alltagshilfen für Trauernde

Ähnlich wie in der Sterbebegleitung können wir auch bei der Trauerbegleitung nur dann anderen beistehen, wenn wir uns mit der eigenen Trauer auseinandergesetzt haben. Wenn wir wissen, daß Trauer fließen muß, daß Tränen dazugehören und daß jede geweinte Träne ein gutes Zeichen dafür ist, daß der Trauernde nicht in eine Depression flüchtet oder dort steckenbleibt, dann werden wir Tränen und starke Gefühlsäußerungen nicht negativ, sondern positiv interpretieren. Wir werden nicht versuchen, den Trauernden abzulenken, wir werden ihn ermuntern, vom Verstorbenen zu sprechen, und von ihm nicht verlangen, daß er sich »zusammenreißt«. Wir wollen ihm ein liebevoller, einfühlsamer Begleiter sein, ohne uns ihm aufzudrängen, wenn er doch in vielen Phasen lieber allein sein möchte. Einen Trauernden begleiten heißt, ihm immer wieder Hilfe anbieten, dasein, aushalten, seine zeitweiligen »Verrücktheiten« nicht übelzunehmen und ihm Halt zu geben, dann wenn er ihn braucht.

Oft sind es sehr konkrete Dinge und scheinbare Kleinigkeiten, die für Trauernde Hilfen darstellen.

Beileidsbekundungen

Formulieren Sie Ihre Beileidsbekundungen so einfach wie möglich. Es kommt nicht darauf an, einen besonders geistreichen Satz zu finden. Manchmal genügt es, wenn Sie Ihre eigene Hilflosigkeit in Worte fassen, etwa in der Art: »Ich weiß nicht, was ich dir zum Trost sagen soll.« Dieser einfache Satz, gepaart mit einer Umarmung am Grabe, ist oft wirkungsvoller als mancher krampfhaft hergesuchte Bibelspruch oder ein gespreiztes Literaturzitat. Gerade beim Schreiben von Beileidsbriefen wird es von den Hinterbliebenen immer wieder als tröstlich erlebt, wenn der Schreiber sich an eine gemeinsam mit dem Verstorbenen erlebte Episode erinnert, in der er spürt, daß der Verstorbene nicht nur in seinem Herzen, sondern auch in dem der anderen Menschen noch eine Zeit weiterlebt.

Falls es Ihnen nicht möglich war, in der ersten Zeit nach dem Tod einen Besuch zu machen oder einen Brief zu schreiben, so wird es besonders dankbar aufgenommen, wenn Sie sich an einen besonderen Gedenktag, wie Ostern, Weihnachten, oder den Geburtstags des Verstorbenen erinnern; auch die erste Wiederkehr des Todestages ist ein solcher mit Angst erwarteter Zeitpunkt, mit dem Trauernde viel Hoffnung auf Besserung verbinden und der doch oft nur der Start in das zweite Trauerjahr ist, das nicht unbedingt leichter als das erste sein muß, da einem hier oft erst klar wird, wie lange es dauern kann, bis eine Rückkehr in die »Normalität« zu spüren ist. Ich habe mich von daher in der Zeit meiner eigenen akuten Trauer gut mit dem Satz identifizieren können »Trauer ist nie vorbei, man kann nur lernen, damit zu leben.«

Im Schockzustand

In den ersten Tagen nach dem Tode sind Hinterbliebene oft kaum in der Lage, praktische Verrichtungen auszuführen. Insbesondere wenn sie Beruhigungsmittel nehmen, haben sie Wochen später teilweise Gedächtnislücken für diesen Zeitraum und wissen dann zum Beispiel nicht mehr, wo sie manche Dinge hingeräumt haben. Sie haben oft kein Hungergefühl und vergessen das Essen, Kochen und Einkaufen. Das Anbieten von Unterstützung im Haushalt und bei der Erledigung von Formalitäten kann hier Lebenshilfe sein.

Realisation des Verlustes

Der Hinterbliebene muß über den Verstorbenen sprechen können. Ermutigen Sie ihn zum Ausdrücken seiner Gefühle, und achten Sie darauf, daß er nicht nur beschönigende Worte für die Tatsache des Todes verwendet und ob er auch bereits in der Vergangenheitsform vom Verstorbenen sprechen kann. Auch in dieser Zeit können körperliche Begleiterscheinungen wie

Schlaflosigkeit, Appetitmangel oder Abgespanntheit den Trauernden belasten. Die Schlaflosigkeit kann vielleicht durch den Hinweis auf das Schreiben eines Tagebuchs oder Entspannungsübungen als weniger belastend gestaltet werden. Fotos sortieren, Kleider wegräumen, dies alles sind Dinge, die nun allmählich in Angriff genommen werden könnten.

Ausdücken von Gefühlen

Trauernde haben oft das Gefühl, daß es ihnen so schlecht geht wie niemandem sonst. Manche finden es auch tröstlich, in Gedanken oder laut mit dem Verstorbenen Zwiesprache zu halten und ihn so noch eine Zeitlang in ihr Leben zu integrieren. Die hilfreiche Funktion eines solchen imaginären Gesprächspartners beschreibt *Hermann Hesse*:

> Die Dahingegangenen bleiben mit dem Wesentlichen,
> womit sie auf uns gewirkt haben,
> mit uns lebendig, solange wir selber leben.
> Manchmal können wir sogar
> besser mit ihnen sprechen,
> uns besser mit ihnen beraten
> und uns Rat von ihnen holen
> als von den Lebenden.

> (aus: Hermann Hesse, Mit der Reife wird man immer jünger.
> Klein und Wagner. Frankfurt: Suhrkamp, 1977)

Zu erleben, daß andere ähnliche Situationen und Gefühle wie sie erlebt haben, ist für Trauernde oft sehr entlastend. Dieses Gefühl des Verstandenwerdens kann man zum einen durch das Lesen von Erfahrungsberichten Trauernder bekommen (vgl. die Literaturhinweise am Ende des Kapitels) oder aber auch durch den Besuch von Trauergesprächskreisen, wie sie zunehmend von kirchlichen Bildungseinrichtungen, Volkshochschulen oder Selbsthilfeinitiativen angeboten werden.

Loslassen und Neuanfang

Verstärken Sie die Bestrebungen des Trauernden, sich neuen Aufgaben zu widmen. Dies bedeutet jedoch nicht, daß möglichst schnell auf vielen Gebieten ein »Ersatz« gesucht wird. Insbesondere Witwer stürzen sich oft aufgrund alltäglicher Schwierigkeiten der Haushaltsführung überstürzt in neue Beziehungen. Da man sich aus der Trauer auch selbst entlassen muß, suchen Hinterbliebene oft nach einer Art »Absolution«, um wieder freudvollere Aktivitäten aufnehmen zu können. Hier hilft es, darauf hinzuweisen, daß der Verstorbene sich sicher auch freuen würde, seinen hinterbliebenen Partner glücklich zu sehen. Ein Pfarrer sagte einmal einer Witwe, die Schuldgefühle beim Beginn einer neuen Partnerschaft hatte: »Sie haben Treue nur *bis* zum Tod versprochen – nicht darüber hinaus!«

Neue soziale Netze zu knüpfen und immer wieder neue Aufgaben in Angriff nehmen, zum Beispiel allein in Urlaub zu fahren oder das Schlafzimmer zu renovieren, sind kleine Mutproben auf dem Weg des neuen Selbstbilds. Alles, was das Selbstbewußtsein des Hinterbliebenen stärkt und ihm hilft zu erkennen, daß das Alleinleben möglicherweise auch positive Seiten haben kann, ist für das Weiterleben förderlich. Eltern, die ein Kind verloren haben, sollten nun auch überlegen, ob sie ein weiteres Kind haben wollen. Ihre alten Freunde sollten Sie nur dann behalten, wenn sie auch bereit sind zu akzeptieren, daß der Verlust für Sie immer wieder Thema sein wird.

Noch ein Wort zum Trösten

Wir sprechen oft vom »billigen Trost« oder »vertrösten«, wenn wir betonen wollen, daß das von anderen Gesagte kein echter Trost für uns war. Wer auf einen Trauernden zugeht und sagt: »Ich weiß, wie du dich fühlst«, der hilft ihm zunächst nicht, sondern nimmt ihm das Gefühl, eine ganz individuelle, einmalige und persönliche Trauer zu erleben, wie sie genau in dieser Kombination noch niemand anderer vor ihm erlebt hat. Der Respekt vor dieser Einmaligkeit verbietet es auch, Vergleiche anzustellen etwa in der Art: »Wie gut, daß du noch ein anderes

Kind hast« oder »Du bist ja noch jung und kannst noch andere Kinder bekommen« oder »Es hätte schlimmer kommen können«.

In den verschiedenen Stadien der Trauerarbeit und bei Menschen mit unterschiedlichen Biographien können oft sehr verschiedene Dinge Hilfe und Trost sein. Manche können schon bald in einem Glauben an ein Wiedersehen in einem Jenseits Trost schöpfen. Andere empfinden insbesondere den überraschenden Tod eines nahestehenden Menschen als eine Strafe, sind verbittert und hadern darüber mit Gott. Das unten angeführte Buch von H. Kushner »Wenn guten Menschen Böses widerfährt« (s. Literaturhinweise im Anschluß an dieses Kapitel) hat sich als Einstiegsmöglichkeit in eine Diskussion über religiöse Sinnfragen und Aspekte des Trosts bewährt.

Für Trauernde ist es notwendig zu wissen, daß sie sich auch wieder freuen *dürfen*. Schöne Momente sind kein Verrat am Verstorbenen. Die Gewißheit, daß die Phasen der Freude länger werden und immer mehr die Phasen der Traurigkeit oder des Nichtfühlenkönnens ablösen – dies ist das Geschenk beim Voranschreiten der oft schmerzvollen Trauerarbeit.

Trauergesprächskreise

Seit einigen Jahren gibt es in Deutschland das Angebot von Trauergesprächskreisen. Manchmal sind es Kreise verwaister Eltern, das heißt Eltern, die ein Kind durch Tod verloren haben, die sich zu Gesprächen treffen, manchmal sind es Verwitwete oder Geschwister mit Verlusterfahrungen. Manche dieser Kreise werden als offene Gruppen geführt, oder aber es wird für eine feste, geschlossene Gruppe von Trauernden eine bestimmte Anzahl von Gesprächsterminen benannt, die dann nach Abschluß des offiziellen Kursangebots eventuell in eine Selbsthilfegruppe übergehen. Katholische und evangelische Erwachsenenbildung sowie Volkshochschulen und regionale Kontakt- und Informationsstellen für Selbsthilfegruppen sind erste Anlaufadressen zum Nachfragen der örtlichen Angebote. Während die zeitlich beschränkten Kursangebote oft thematische Schwerpunkte pro Abend haben, sind die kontinuierlichen, offenen Angebote meist eher teilnehmerzentriert aufgebaut. Die Art des Angebots ist auch von regionalen Gegebenheiten abhängig in der Weise, daß etwa in der Anonymität einer Großstadt Themen – besonders Tabuthemen wie Wut oder Schuld – anders angesprochen werden müssen und können als in der Vertrautheit einer kleinen Gemeinde.

Für wen sind solche Gruppen nun geeignet, welche Inhalte werden angesprochen und welchen Vorteil hat überhaupt eine Gruppen- gegenüber einer Einzelbegleitung? Nachstehend einige Gedanken hierzu, ausführlichere Hinweise entnehmen Sie bitte dem Artikel von K. Wilkening (1991) im Literaturhinweis am Kapitelende.

Teilnehmer

Wer in eine Trauergruppe geht, sollte in der Lage sein, sich auch bereits auf die Trauerschilderungen anderer Menschen einstellen zu können. Etwa drei Monate nach dem Todesfall ist erfahrungsgemäß der Schock sowie die anschließende, eher »kontrollierte« Phase der Trauer, in der neben der Beerdigung auch die zahlreichen Formalitäten erledigt werden mußten, abgeklungen. Bald stellt der Trauernde schmerzlich fest, daß Freunde und Bekannte zum Teil bereits wieder »zur Tagesordnung« übergegangen sind. Wenn ihn nun die tiefen Gefühle der Verzweiflung und Wut oder Sehnsucht heimsuchen, ist er oft alleingelassen oder will den anderen mit seinen aufbrechenden Emotionen nicht zur Last fallen. Dies ist ein guter Zeitpunkt, um die Gesellschaft Gleichbetroffener zu suchen.

In den Trauergruppen finden sich Trauernde unterschiedlichen Alters, wobei es am sinnvollsten ist, wenn Menschen mit einem gleichartigen Verlust (Partner, Kind oder Elternteil) zusammentreffen. Oft kommen Hinterbliebene, die zwar in familiäre oder nachbarschaftliche Netze eingebunden sind, aber dort die Erwartung vermittelt bekommen, daß es doch mit dem Trauern nun endlich »zu Ende sein« müßte. Da man seinen

Gefühlen nicht befehlen kann, ist dann eine Trauergruppe oft der einzige Ort, an dem Gefühle und Alltagsprobleme mit der Trauer direkt ausgesprochen werden können.

Vorteile einer Gruppenbegleitung

Ein einzelner kann den Tod »umschreiben«, wo mehrere Menschen mit demselben Schicksal zusammen sind, wird jedoch die Realität des Todes unmittelbar und unausweichlich erfahren. Bereits die Beschreibung der Todesumstände und heutiger Lebensumstände ermöglicht den Teilnehmern, ihr eigenes Leid zu relativieren und im Vergleich zu anderen sehen zu können. Dies ist nicht im Sinn einer billigen Aufrechnung gemeint, sondern es ist der erste Schritt auf dem Weg zur Dankbarkeit. Dankbarkeit, die man erkennen kann, wenn man sieht, daß einem lange leidvolle Pflege durch den plötzlichen Tod des Partners erspart wurde oder aber daß das behutsame liebevolle Abschiednehmen ein »Geschenk« war, das eine andere Teilnehmerin beim plötzlichen Tod ihres Mannes auch gerne erlebt hätte.

Neu in die Gruppe kommende Teilnehmer sind oft unfähig, ihre Gefühle in Worte zu fassen. Viele sind froh, wenn andere stellvertretend für sie Gefühle artikulieren. Daß hierbei auch Tabus gebrochen werden dürfen, wenn beispielsweise über unangenehme Seiten einer Beziehung gesprochen wird, ist der besondere Vorteil einer Gruppe, die sich anderen gegenüber zur Verschwiegenheit verpflichtet hat. Da nicht alle Trauernden gleich weit in ihrer Trauer vorangeschritten sind, gibt es in der Gruppe immer wieder »Modelle«, die bestimmte »Traueraufgaben« bereits gelöst haben, die anderen noch bevorstehen.

Trauernde sind in der ersten Zeit nach dem Verlust eines Menschen besonders empfindsam. Sie empfinden es als schmerzlich, wenn andere ihnen gedankenlos ein »schönes Wochenende« wünschen. Manchmal fühlt man sich auch als »fünftes Rad am Wagen« bei einer Einladung mit lauter Paaren. Trauernde haben Angst, wieder verletzt und verlassen zu werden. Daher ist die behutsame Kontaktaufnahme mit Gleichbetroffenen in der Trauergruppe eine erste, sanfte Möglichkeit, sich wieder auf Beziehungen einzulassen und auf diese Weise allmählich ein neues soziales Netz aufzubauen, das eine Rückkehr in die Welt ohne den Verstorbenen erleichtert.

Ein- bis zweistündige Trauergruppen in 14täglichem oder monatlichem Abstand sind eher gedacht als Unterstützung für eine »normale« Trauer, die in Fluß gehalten werden soll. Tiefergehende Trauerprobleme oder Depressionen können in einer solchen Gruppe nicht bearbeitet werden. Für solche Fälle empfiehlt sich die Kontaktaufnahme mit einer professionellen Trauerberatung (Adressen siehe Anhang), in der zum Beispiel in intensiven Wochenendseminaren die verdrängte Trauer aufgespürt wird. Diese Kurse haben therapeutischen Charakter und werden auch von entsprechend ausgebildeten Beratern angeboten.

Inhalte

Nachfolgend einige Beispiele konkreter Fragen zur Illustration von Ansatzpunkten in Gruppensitzungen. Diese Fragen geben den Trauernden Gelegenheit, sich unterschiedlich intensiv mit ihren Traueraspekten auseinanderzusetzen und darüber nachzudenken, wo sie in ihrem jetzigen Trauerprozeß stehen:

- Was haben Sie mit den Kleidern des Verstorbenen gemacht?
- Welche Veränderungen planen Sie in Ihrem Schlafzimmer?
- Was bedeutet Ihnen der Gang zum Friedhof?
- Hat sich Ihre Angst vor dem eigenen Sterben verändert?
- Glauben Sie an ein Leben nach dem Tod?
- Was würde der Verstorbene heute zu Ihnen sagen?
- Womit werden Sie im Augenblick am Schwersten fertig?
- Was wollten Sie immer schon machen und haben es Ihrem Partner zuliebe unterlassen?
- Wie verbringen Sie Ihre Wochenenden, Ihren Urlaub, Ihre Feiertage?
- Was stört Sie am Verhalten Ihrer Umwelt am meisten?

Beendigung der Gruppenteilnahme

Bei geschlossenen Gruppen wird oft am Schluß mit einer symbolischen Abschlußfeier ein rituelles Ende der Gruppensitzungen gestaltet. Bei offenen Gruppen können die Teilnehmer selbst spüren, wie sich ihre Trauer weiterentwickelt hat und wie viele der obigen Fragen sie bereits einmal gehört und für sich bearbeitet haben. Sie entscheiden dann für sich – ob nach einer Kur oder einem Urlaub –, wann sie »reif« für ein Leben ohne regelmäßige Gruppenteilnahme sind. Als Nachteil einer Gruppe kann es sich entwickeln, wenn man sich zu sehr an den anderen orientiert und aus dem Trauern einen Wettbewerb macht. Es kommt nicht darauf an, schneller als die anderen mit der Trauerarbeit voranzuschreiten, sondern sich die Unterstützung für den jeweils individuellen Weg zu holen. Jede Vorgeschichte, jede Beziehung, die Todesumstände sind immer wieder anders, und von daher kann keine Trauer mit der anderen verglichen werden.

Abschiedlich leben

Vorbereitung auf das Leben als Witwe/Witwer

»Wer seine Frau liebt, erzieht sie zur Witwe« – so oder ähnlich lautet ein Satz, der darauf hinweist, daß die Vorbereitung auf das Leben ohne einen geliebten Partner nicht frühzeitig genug beginnen kann. Oft sind es ganz konkrete Dinge, die am Anfang stehen.

Vorsorgemappe

Als hilfreich hat sich das Anlegen eines Ordners erwiesen, in dem im Fall einer schweren Erkrankung oder des eigenen Todes alle wichtigen Unterlagen zur Hand sind. In dieser Mappe sollten sich folgende Unterlagen befinden: Vollmachten, Patientenverfügung, eventuell ein Organspendeausweis, weitere Wünsche, das eigene Sterben betreffend, Hinweis auf die Art der gewünschten Beerdigungsform und das Bestattungsunternehmen; Namensliste der Personen, die im Todesfall benachrichtigt werden sollen, Testament, wichtige Urkunden des Familienstammbuchs, Zeugnisse, Mitgliedschaften bei Rentenkassen, Versicherungen, Versicherungspolicen, Besitzdokumente (Hinweise auf Konten, Wertpapiere, Grundbesitz, Beteiligungen und Schuldverschreibungen), Miet- und Ratenverträge.

Weitere Hinweise für wichtige Verfügungen und Dokumente finden sie in der Broschüre »Meinen Angehörigen zuliebe« (vgl. Literatur bei »Testament«).

Alle diese Unterlagen gesammelt zu haben, erleichtern dem Hinterbliebenen den Umgang mit den alltäglichen, anfangs oft kräftezehrenden »Kleinigkeiten« nach dem ohnehin so schmerzvollen Verlust des Partners. Weiterhin ermöglichen sie eine Gestaltung der Beerdigung auch im Sinne des Verstorbenen. Dabei muß man sich dann weder dauernd fragen, was dieser denn eigentlich gut gefunden hätte, noch ist man allzu anfällig für das »Verkaufstalent« des Beerdigungsunternehmers, der einem vielleicht doch noch das eine oder andere »Extra« anbietet, auf das man dann nur unter erheblichen Schuldgefühlen glaubt, als letzten »Liebesdienst« verzichten zu können (vgl. Stichwort »Beerdigung«).

Beziehungsgestaltung
Neben diesen eher technischen Details gibt es auch in der Gestaltung einer Partnerschaft immer wieder Möglichkeiten zur Trauerprävention im Sinne »vorauseilender Trauer« – nicht im Glauben an eine Verhinderung, sondern einer Abmilderung späterer dramatischer Trauerverläufe nach dem Tod des Partners. Wer ganz auf seinen Partner fixiert lebt und gar keine anderen sozialen Netze, wie Berufskollegen, Vereinsfreunde, Schulkameraden oder Nachbarn hat, der steht nach dem Tod des Partners verlassen und isoliert da. Verreisen Sie ruhig einmal allein und lassen Sie Ihren Mann sich ein paar Tage selbst versorgen oder probeweise die Waschmaschine in Gang setzen. Diese bisher noch zu beobachtenden geschlechtsspezifischen

Probleme, die sich bei vielen Frauen zum Beispiel beim TÜV-Termin des Autos, dem Ausfüllen der Einkommensteuererklärung zeigen, gehören wohl bald der Vergangenheit an. Es ist *nicht* der größte Liebesbeweis, wenn man einem anderen Menschen sagt: »Ich kann ohne dich nicht leben«! Wer erlebt hat, wie dankbar Hinterbliebene über einen Menschen sprechen, der noch zu Lebzeiten über den Tod hinaus versucht hat, an sie zu denken und für ihr Leben Sorge zu tragen, der weiß, daß dies als besonders großer Liebesbeweis empfunden wird. Es ist sehr unwahrscheinlich, daß man am selben Tag wie der Partner stirbt.

Das ganze Leben über müssen wir Loslassen lernen. Die vielen kleinen Abschiede des Lebens sind ein Einüben in den einen letzten großen Abschied, den das Sterben für uns darstellt. Oft stellt ein letzter Umzug in die kleinere Wohnung oder das Pflegeheim einen bereits vor die Entscheidung, vieles auszusortieren, loszulassen, was man im weiteren Leben nicht – und erst recht nicht ins Grab – mitnehmen kann.

Das Leben besteht aus Höhen und Tiefen, aus kleinen »Toden« und kleinen »Auferstehungen«. Der beste Schutz vor Trauer bestünde darin, keine Beziehung aufzunehmen, doch wer würde diesen Preis bezahlen wollen? Nur wer Leid kennt, kann Glück auch richtig schätzen. *Abschiedlich* oder *endlich* leben in diesem Sinn heißt, sich immer wieder Momente des Innehaltens und der Lebensbilanz zu gönnen. In diesen Augenblicken kann man zurückschauen und auch nach vorne. Was war gut, was war schlecht? Welche Träume habe ich noch, und was hindert mich an ihrer Verwirklichung? Welche Kraftquellen habe ich? Nur wer achtsam mit sich selbst umgeht, kann sich vor dem »Ausbrennen« schützen, die empfangenen Freude genießen und mit anderen teilen. In einem der Bücher zur »Ars Moriendi« des Mittelalters, der »Kunst des Sterbens«, steht: Bekennst du, daß du nicht gelebt hast wie du solltest? – Vielleicht sollten wir ergänzen, daß man manchmal auch bekennen muß, daß man nicht so gelebt hat wie man *wollte*. Je deutlicher wir den Tod vor Augen haben, um so mehr wissen wir, das Geschenk glücklicher Tage zu schätzen. In jedem Lebensabschnitt müssen manche Dinge aufgegeben werden, und andere treten als neue Herausforderungen an uns heran. Diese Dynamik hat Hermann Hesse in seinem Gedicht »Stufen« beschrieben.

Stufen

Wie jede Blüte welkt und jede Jugend
Dem Alter weicht, blüht jede Lebensstufe,
Blüht jede Weisheit auch und jede Tugend
Zu ihrer Zeit und darf nicht ewig dauern.
Es muß das Herz bei jedem Lebensrufe
Bereit zum Abschied sein und Neubeginne,
Um sich in Tapferkeit und ohne Trauern
In andre, neue Bindungen zu geben.
Und jedem Anfang wohnt ein Zauber inne,
Der uns beschützt und der uns hilft zu leben.

Wir sollen heiter Raum um Raum durchschreiten,
An keinem wie an einer Heimat hängen,
Der Weltgeist will nicht fesseln uns und engen,
Er will uns Stuf um Stufe heben, weiten.
Kaum sind wir heimisch einem Lebenskreise
Und traulich eingewohnt, so droht Erschlaffen;
Nur wer bereit zu Aufbruch ist und Reise,
Mag lähmender Gewöhnung sich entraffen.

Es wird vielleicht auch noch die Todesstunde
Uns neuen Räumen jung entgegen senden,
Des Lebens Ruf an uns wird niemals enden ...
Wohlan denn, Herz, nimm Abschied und gesunde!

Mit dem Sterben leben lernen –
ein Thema für die Schule

Früher waren Erfahrungen mit Tod und Sterben in den natürlichen Lebensalltag von Kindern eingebunden. Heute müssen wir diese Erfahrungen erst bewußt herstellen, da das Sterben sich nur noch selten zu Hause abspielt.

Von dem griechischen Philosophen Seneca stammt der Satz: »Das ganze Leben lang muß man das Sterben lernen«. So gesehen ist die Vorbereitung auf den Tod erst in einer Partnerschaft eigentlich zu spät. Kinder werden in unserer Gesellschaft oft vom Umgang mit dem Tod ausgeklammert. Dabei wäre es so wichtig, daß auch Kinder lernen, mit Leid und Verlust umzugehen. Wenn zum Beispiel ein Haustier stirbt, so können auch kleinere Kinder bereits eine Ahnung vom Schmerz und der Endgültigkeit des Todes haben. Man sollte möglichst nicht sofort einen Ersatz beschaffen. Der Seele Zeit lassen, auf den Verlust zu antworten – das ist etwas, was auch Kinderseelen keinen Schaden zufügt. Mit Schmerz und Sehnsucht umgehen zu lernen ist eine Erfahrung, die jeder Mensch möglichst frühzeitig machen sollte, um seine eigenen Stärken, aber auch Verletzlichkeiten zu erkennen. Wenn es gelingt, Kinder in den eigenen Trauerprozeß liebevoll miteinzuschließen, so werden sie Trauer nicht nur als ein Menschen trennendes, sondern auch sie verbindendes Element erfahren können.

In den USA gibt es eine »Sterbeerziehung« (death education) in den Schulen. Auch in deutschen Schulen wird zunehmend häufiger – oft im Rahmen des Religionsunterrichts – das Thema »Tod, Sterben, Trauer« behandelt. Manchmal kann der Tod eines Mitschülers nach einem Unfall oder eine Krebserkrankung ein unumgänglicher Anlaß sein, sich mit dem Sterben auseinanderzusetzen. Anknüpfend an die vielen kleinen Verluste und Abschiede bereits im Kindesalter, können hier Kinder lernen, ihre Gefühle und Ängste auszudrücken und hilfreiche sowie störende Verhaltensweisen im Umgang mit der Trauer zu erkennen. Unter Einbeziehung entwicklungspsychologischer Aspekte muß das Thema Tod und Trauer in den verschiedenen Altersstufen jeweils andersartig angegangen werden. Die in dem Exkurs »Kinder und Tod« genannten Bücher können hier gute Dienste leisten. Wenn auch die Endgültigkeit des Todes erst im Alter von etwa 10–12 Jahren von Kindern umfassender begriffen wird, so gibt es doch viele Anfragen bezüglich des Lebens mit Verlusten, der Bedürfnisse Sterbender und später dann Aspekte der Sterbebegleitung und der Sterbehilfe bis hin zu Fragen der Organspende und des Umgangs mit Schmerzen sowie der Bedeutung eines Lebens nach dem Tod, die Kinder in allen Altersstufen interessieren und mit ihren eigenen Erfahrungen verbinden können. Bei aller Angst vor Tod und Sterben ist es immer wieder interessant, sich gedanklich damit auseinanderzusetzen, wohin es führen würde, wenn es keinen Tod gäbe. Dieses Schreckgespenst eines unendlichen Lebens illustriert – nicht nur für Kinder – die nachstehende Geschichte:

Als der Tod in den Streik trat
Der Tod war seine Arbeit leid geworden. Er kostete es zwar aus, wie die Menschen vor ihm zitterten. Aber er wollte mehr. Er wollte, daß sie ihn anflehten um sein Kommen. So setzte er sich an den Rand der Welt, schlug ein Bein übers andere und streikte.

Die Menschen lebten weiter. Sie genossen das Leben in vollen Zügen. Niemand merkte, daß etwas anders geworden war. In den Städten hatte man es ja schon früher kaum zur Kenntnis genommen, wenn jemand gestorben war ... Das Sterben hatte sich längst abseits des Lebens ereignet. Nun ereignete es sich überhaupt nicht mehr. Das wurde zuerst denen bewußt, die vorher am Sterben »verdient« hatten. Die Beerdigungsunternehmen wurden arbeitslos.

Dann merkten es die Menschen, die ihre Zeit für andere einsetzen. Man brauchte keine Zeit mehr füreinander zu haben, da unbegrenzt viel Zeit zur Verfügung stand. Irgendwann in einer fernen Zukunft würde man doch wieder einen Zeitpunkt finden, in dem man alles Versäumte nachholen könnte.

Gleichgültigkeit, Müdigkeit, Sinnlosigkeit und Haß breiteten sich endlos über die Welt. Ein *eiserner Ring endlosen Lebens* umschloß alles. Und nirgends war ein Ausbruch möglich. Alle Wege waren offen, weil kein Tod da war. Aber alle Wege waren ausweglos.

Da schrien die Menschen nach dem Tod, daß er käme und sie erlöste. Er hörte sie und lachte. Das war die große Stunde seines Triumphes.

Soweit die Erzählung (nach Werner Reiser).

✖ Weiterführende Literatur

Allgemeine Beschreibungen des Trauerprozesses

Canacakis, J. (1988): Ich sehe deine Tränen. Trauern, klagen, leben können. Stuttgart: Kreuz. – Hinweise auf hilfreiche griechische Trauerrituale.

Brecht, B. (1967): Die unwürdige Greisin. Gesammelte Werke. Frankfurt: Surkamp. – Ein Witwe lebt nach dem Tod des Mannes völlig entgegen den Erwartungen ihres Umfelds – ein Klassiker.

Kast, V. (1987): Trauern – Phasen und Chancen des psychischen Trauerprozesses. Stuttgart: Kreuz. – Trauer als letztlich positive Krisenerfahrung im therapeutischen Sinn.

Trauer und Sinnfragen

Inzwischen gibt es ein Fülle religiöser Schriften und Bildbände zum Thema Trauer in jeder Buchhandlung. Die untenstehenden Bücher sind deswegen besonders lesenswert, weil sie zwar zutiefst religiöse Fragen stellen, diese aber so behutsam thematisieren, daß auch Zweifler sich wiederfinden und angesprochen fühlen können.

Kushner, H. (1990): Wenn guten Menschen Böses widerfährt ... Gütersloh: GTB. – Ein jüdischer Rabbiner versucht von Gott eine Antwort auf den Tod seines Sohnes zu erhalten.

Pisarski, W. (1988): Anders trauern – anders leben. München: Kaiser. – Trauern mit Hilfe des Glaubens.

Begleitung Trauernder

Wilkening, K. (1991): Geteiltes Leid ist halbes Leid. Ein Bericht über die Arbeit in Trauergesprächskreisen. Deutsche Krankenpflegezeitschrift, 12, 869–873. Stuttgart: Kohlhammer.

Herrmann, N. (1988): Mit Trauernden reden. Zürich: Kreuz. – Konkrete Trauergesprächsbeispiele für verschiedensartigste Todesumstände und Betroffengruppen.

Meinberg, W. (1994): Trauer leben lernen. – Anzufordern bei Lazarus-legion – Christenbeistand für AIDS-Kranke und HIV-Infizierte e.V., Podbielskistr. 57, 30177 Hannover, Tel. 0511–625041, gegen Unkostenbeitrag. – Preiswerte Broschüre mit Anregungen zur Trauerbegleitung innerhalb der Kirchengemeinde.

Jerneizig, R. et al. (1991): Leitfaden zur Trauertherapie und Trauerberatung. Göttingen: Vandenhoeck & Ruprecht. – Klientenzentrierter Ansatz zum therapeutischen Umgang mit der Trauer.

Worden, W. (1987): Beratung und Therapie in Trauerfällen. Stuttgart: Huber. – Ein Standardwerk der Hinterbliebenenbegleitung.

✗ Erfahrungsberichte Betroffener

Tod alter Eltern

Dobrick, B. (1989): Wenn die alten Eltern sterben. Stuttgart: Kreuz. – Der Tod der Eltern als Chance des endgültigen Erwachsenenwerdens – mit vielen Fallschilderungen.

Partnertod

Guidice, L. (1986): Ohne meinen Mann. Aufzeichnungen einer Witwe. Stuttgart: Kreuz. – Ein Erfahrungsbericht.

Lohner, M. (1990): Plötzlich allein. Frauen nach dem Tod des Partners. Frankfurt: Fischer TB. – Verschiedene Trauerschicksale.

Tod von und bei Kindern (vgl. auch Exkurs: Kinder und Tod)

Wülfing, M. L. (1992): Hilf mir, ohne mein Kind zu leben. Düsseldorf: Patmos. – Eine Journalistin schreibt über den Tod ihres Kindes und die Zeit danach.

Brocher, T. (1986): Wenn Kinder trauern. Reinbek: Rowohlt. – Durch Kinderzeichnungen illustrierte Fallbeispiele kindlicher Trauer und Verhaltens von Erwachsenen.

Trauer nach tödlichem Verkehrsunfall

Matouschek, L. (1990): Trauer, die nicht enden will. Verkehrstod – schweigend weiterleben. Gütersloh: – Gerd Mohn.

Trauer nach Suizid

Böhle, S. (1992): Damit die Trauer Worte findet. Bern: Scherz.

Anhang:
Wichtige Kontaktadressen

Hospizinitiativen

Nachstehend die Anschriften länderspezifischer und bundesweiter Ansprechpartner, die nach den Hospizprinzipien arbeiten und Ihnen Literaturhinweise, Adressen von ambulanten und stationären Einrichtungen vor Ort, Fortbildungsmöglichkeiten und Schmerzambulanzen nennen:

Regional

Bayrischer Hospizverband e.V., Christine Denzler-Labisch, Tiergartenstr. 19, 96123 Litzendorf, Tel. 09505–950200, Fax 09505–950201

LAG Hospiz Baden-Württemberg, c/o Frau A.Gann, Stafflenbergstr. 22, 70184 Stuttgart, Tel. 0711–2374131, Fax 0711–2374159

LAG Bremen »umzu«, c/o Dieter Tunkel, Borchsholt 34, 28757 Bremen, Tel. & Fax 0421–664469

LAG Hospiz Hamburg, Dr. med. Mutterleile, Maria-Louisen-Str. 120, 22301 Hamburg

LAG Hospiz Hessen, c/o Joost Dwerhagen, Diezer Str. 38, 65549 Limburg

LAG Hospiz Niedersachsen, c/o Josef Roß, Walter-Meckauer-Str. 7, 26130 Oldenburg, Tel. 0441–2291310, Fax 0441–2291090

LAG Hospiz Nordrhein-Westfalen, Hans-Josef Feldhagen, Pfarrgasse 6, 57368 Lennestadt, Tel. 02723–5127, Fax 02723–67570

LAG Hospiz Rheinland-Pfalz, Dr. Weber, Holzhofstr. 8, 55116 Mainz, Tel. 06131–28260

LAG Hospiz Sachsen, c/o Frau Ziegenfuß, Magdeburger Str. 33, 01067 Dresden

LAG Hospiz Sachsen-Anhalt, c/o Herr Stienemeier, Taubenstr. 25–28, 06110 Halle, Tel. 0345–224512

LAG Hospiz Schleswig-Holstein, Wibke Thomsen, Katharinen-Hospiz, Mühlenstr. 1, 24937 Flensburg, Tel. 0461–503230, Fax 0461–5032323

Überregional

Bundesarbeitsgemeinschaft Hospiz – zur Förderung von stationären Hospizen, ambulanten Hospizen und Palliativmedizin e.V., Steinweg 54, 06110 Halle, Tel. 0345–2031952, Fax 2832576

Malteser Fachstelle Hospizarbeit, Kalker Hauptstr. 22–24, 51103 Köln, Tel. 0221–9822581, Fax 0221–9822589

Internationale Gesellschaft für Sterbebegleitung und Lebensbeistand (IGSL), Im Rheinblick 16, 55411 Bingen, Tel. 06721–10328, Fax 06721–10381

OMEGA – mit dem Sterben leben e.V., z.Hd. Antje Drescher, Ostberger Str. 78, 58239 Schwerte, Tel. 02304–43123, Fax 02304–45711

Fortbildungsangebote zur Sterbebegleitung

Neben den oben genannten Hospizinitiativen geben Ihnen weiterhin Auskunft kirchliche Erwachsenenbildungseinrichtungen, Berufsverbände der Kranken- und Altenpflege sowie:

–　Dr. Mildred-Scheel-Akademie, Joseph-Stelzmann-Str. 9, 50931 Köln, Tel. 0221–473376 (speziell zum Bereich Schmerztherapie, Krebs und Terminalpflege)

–　Ansprechstellen im Land NRW zur Pflege Sterbender, Hospizarbeit und Angehörigenarbeit (ALPHA): Monika Müller, von-Hompesch-Str. 8, 53123 Bonn, Tel. 0228–746547; Anne Wienand, Salzburgweg 1, 48145 Münster, Tel. 0251–230848.

Schmerztherapie

Bei nachstehenden Adressen können Sie allgemeine Infos zur Schmerztherapie sowie Adressen von Schmerzambulanzen erhalten:

–　Deutsche Gesellschaft für Palliativmedizin, c/o Prof. E. Klaschick, Malteser Krankenhaus, von-Hompesch-Str. 8, 53123 Bonn

–　Deutsche Schmerzliga e.V., August-Schranz-Str. 21, 60433 Frankfurt, Tel. 069–541145

–　Deutsche Schmerzhilfe e.V., Bundesverband, Woldsenweg 3, 20284 Hamburg, Tel. 040–465646.

Broschüren zur Schmerztherapie gibt es außer von den Hospizinitiativen bei folgenden Pharmafirmen:

–　Grünenthal GmbH, Steinfeldstr. 2, 52222 Stollberg

–　Mundipharma, Mundipharmastr. 2, 65449 Limburg.

Selbsthilfegruppen und Beratungsstellen

Wer neu von einer Erkrankung betroffen ist, für den stellt neben dem Arztgespräch der Kontakt zu einer entsprechenden Selbsthilfegruppe eine gute Möglichkeit der Information dar. Einen Überblick über die örtlichen Gruppen hat meist die Kontakt- und Informationsstelle (KISS) des Paritätischen Wohlfahrtsverbandes. Weitere Adressen können Sie bei den übrigen Wohlfahrtsverbänden erfahren. Viele Krankenhäuser haben überdies einen Sozialdienst, der über ambulante Pflege- und Versorgungsangebote vor Ort gut informiert ist. Einige Krankenkassen (z.B. die BKK) geben Verzeichnisse von Selbsthilfegruppen und Beratungsstellen aus. Hier noch einige zentrale Anlaufadressen:

- Telefonseelsorge: bundeseinheitliche Telefonnummer (0800) 1110111
- Deutsche Aidshilfe e.V.,Dieffenbachstr. 33, 10967 Berlin, Tel. 030–6900870
- Deutsche Alzheimer Gesellschaft, Büchsenstr. 34, 70174 Stuttgart, Tel. 0711–2268598
- Deutsche Krebshilfe e.V., Thomas-Mann-Str.40, 53111 Bonn, Tel. 0228–729900
- Frauenselbsthilfe nach Krebs e.V., B6, 10–11, 68159 Mannheim, Tel. 0621–24434
- Krebsinformationsdienst Heidelberg, Tel. 06221 410121 (Mo–Fr von 8–20 Uhr)
- Deutsche Multiple Sklerose Gesellschaft e.V., Vahrenwalderstr. 205, 30165 Hannover, Tel. 0511–633887.
- Deutscher Patienten Schutzbund e.V., Adenauerallee 11, 53111 Bonn, Tel. 0228–215995.

Trauerbegleitung

Trauerbegleitung wird für Betroffene in Gesprächskreisen, Wochenendseminaren oder bei schwierigen Verläufen in Einzelberatung (z.B. von Psychologen oder Psychotherapeuten) angeboten. Es gibt auch vereinzelt bereits Fortbildungsmöglichkeiten zur Trauerbegleitung. Neben den obigen Hospizinitiativen, kirchlichen Bildungseinrichtungen (Evangelische und Katholische Erwachsenenbildung) und KISS-Stellen als erste Informationsmöglichkeit vor Ort hier weitere Kontaktmöglichkeiten:

Für Betroffene

- Verwaiste Eltern Hamburg e.V., Evangel. Akademie Nordelbien, Dr. Mechthild Voss-Eiser, Esplanade 15, 20354 Hamburg, Tel. 040–341264, (Informationen und bundesweite Kontakte für Gesprächskreise von Eltern, die ein Kind verloren haben, und Geschwisterkinder) (Angebote zur Trauerbegleitung)
- Initiative Regenbogen, »Glücklose Schwangerschaft e.V.«, Burgstraße 6, 73614 Schorndorf
- TABU (Trauer-Abschied-Begleitung-Unterstützung) e.V., Tiegelstr. 23, 45141 Essen, Tel. 0201–328777.
- Begleitung eG, Eifelstr. 29, 50677 Köln, Tel. 0221–331207-08. Beratung in Trauerfragen und bei unkonventionellen Bestattungsformen.
- Beratungsstelle »Charon«, Mozartstr. 5, 22083 Hamburg.

Fortbildung

- Akademie für menschliche Begleitung (ABM), Dr. Jorgos Canacacis, Goldammerweg 9, 45134 Essen, Tel. 0201–442469 (Trauerbegleiterausbildung)
- Christopherus Hospiz Verein e.V., Rotkreuzplatz 2a, 80634 München, Tel. 089–1307870 (Fortbildung für Trauerbegleiter).
- »Trauerwege«, Greiffenklaustr, 15, 55116 Mainz, Tel. 06131–231100 (Fortbildung und Hilfen für Betroffene).
- Trauerberatungsstelle der Universität Essen, Universitätsstr. 12, Postfach 103764, 45141 Essen (klientenzentrierte Trauertherapie)

Wenn Sie weiterlesen möchten...

Esther Goshen-Gottstein
Als der Tod uns trennte
Das Weiterleben als Witwe

Esther Goshen-Gottstein war 38 Jahre lang verheiratet. Wie sie ihre plötzliche Witwenschaft erlebt hat, was der Verlust ihres Mannes, der Schmerz und die Trauer in ihrem Leben angerichtet haben, schildert sie in diesem Buch. Sie hat sich und ihre Umwelt genau beobachtet. Es ist ein Glücksfall, daß sie mit dem Blick der Psychologin ihr Erleben und Verhalten erkennen und deuten kann. So kann sie ihren Leidensgefährtinnen wertvolle Hinweise geben, wie der Schmerz zu überwinden ist und ein Leben nach dem Verlust des Partners gestaltet werden kann.

Siegfried J. Schwemmer
Den Tod durchdringt das Leben
Umgang mit Grenzerfahrungen

Der Tod gehört zum Leben. Jeder Mensch muß sich mit ihm auseinandersetzen, er betrifft ihn in seiner ganzen Existenz.
Wie gehen wir mit den Grenzen des Lebens um? Grenzerfahrungen sind emotional belastend. Sie können zu psychischen Reaktionen führen, Bilder und Vorstellungen wecken, grenzüberschreitende Erfahrungen hervorrufen und zu einer geistigen und geistlichen Herausforderung werden. Die Religionen der Welt glauben an ein Leben, das über den Tod hinausweist. Sie zeigen einen Weg, mit der Grenze des Lebens umzugehen.

Ralf Jerneizig / Arnold Langenmayr /
Ulrich Schubert
**Leitfaden zur Trauertherapie und
Trauerberatung**

Das medizinische Personal wird täglich mit dem Bedürfnis
nach professioneller Hilfe konfrontiert, nach Beratung und
oft auch nach Trauertherapie, aber es ist in seiner Ausbildung nicht darauf vorbereitet.

Dieser Leitfaden ist eine Einführung in die *Arbeit mit
Trauernden*. Nach einem kurzen Überblick über die Psychologie der Trauer und bereits bestehende Interventions-
formen bei problematischen Trauerverläufen wird das
Konzept der *Essener Trauertherapie* vorgestellt. Der Schwerpunkt liegt auf der praxisnahen Darstellung erprobter
Interventionen, die eigens für die besonderen Bedürfnisse
und Probleme Trauernder entwickelt wurden.

Barney G. Glaser / Anselm L. Strauss
Betreuung von Sterbenden
Eine Orientierung für Ärzte, Pflegepersonal, Seelsorger
und Angehörige
Aus dem Amerikanischen von Gisela Bischof-Elten

Glaser und Strauss haben das Verhalten der Menschen
untersucht, die an Sterbesituationen im Krankenhaus
beteiligt sind. Aus den Defiziten, den typischen Erlebnis-
sen der Hilflosigkeit, des Versagens, der Abwendung und
Vermeidung haben sie Modelle entwickelt, wie Ärzte und
Pflegende sich seelisch vorbereiten können auf die schwer-
ste ihrer Aufgaben, darauf, wie sie in der Wechselbezie-
hung mit Sterbenden nicht mehr von Ratlosigkeit überwäl-
tigt werden.

Israel Orbach
Kinder, die nicht leben wollen
Aus dem Amerikanischen von Ute Boldt.

Häufiger noch als bislang angenommen, versuchen Kinder,
ihr Leben zu beenden. Es handelt sich dabei nur in selte-
nen Fällen um unvorhersehbare Unglücksfälle oder spon-
tane Reaktionen auf ein bedrückendes Erlebnis. Die
Kinder wissen vielmehr genau, was sie nicht mehr ertragen können; sie suchen den Tod, *weil* sie wissen, was er
bedeutet. Die Tat ist der katastrophale Endpunkt eines
langen Prozesses, der früh in der Familie angelegt ist und
die Kinder in ein unlösbares Dilemma bringt.

Regula Freytag / Michael Witte (Hg.)
Wohin in der Krise?
Orte der Suizidprävention

Nicht in jedem Fall läßt sich ein Suizid verhindern - das
wäre eine Illusion -, doch läßt sich im Einzelfall durchaus
erreichen, daß die Betroffenen sich nicht »das Leben
nehmen«, indem sie die Umkehrung schaffen und das
Leben in die eigenen Hände nehmen.
Diese Form der Krisenbewältigung ist nur möglich in
einem Dialog mit anderen Menschen.
Wirkungsvolle Krisenintervention und damit auch Suizidprävention brauchen nicht nur geeignete Orte, sondern
diese bedürfen auch spezifischer Strukturen, Methoden
und Modelle. Viele Einrichtungen könnten Krisenintervention und Suizidprävention noch besser in ihr
Angebot einbeziehen.

Nicholas Woltersdorff
Klage um einen Sohn
Aus dem Amerikanischen von Sabine und Arndt Ruprecht

Das Tagebuch eines Vaters über seinen fünfundzwanzig-
jährig verunglückten Sohn führt in die Tiefe von Betroffenheit, Zweifel, Klage und in das gemeinsame Suchen und
Finden von neuem Halt.

»Dieses kleine Buch ist ein wirkliches Geschenk an Trauernde und an solche, die liebevoll trösten möchten.«
Henri J.M. Nouwen

Dorrit Fredriksson
Lennart starb jung
Ein Tagebuch
Aus dem Schwedischen von Gerhard Klose. Nachwort von
Johann Ch. Hampe.

Lennart ist sechzehn Jahre alt. Er hat Krebs - unheilbar.
Seine Mutter berichtet von seinen letzten Stationen. Behandlung, Ärzte, Schule, Freunde.

»Dorrit Fredrikkson läßt als Berroffene in einer Zeit der
Angst vor Krebs dem Leser an ihren Konflikten teilnehmen und hilft mit dieser Ehrlichkeit anderen Betroffenen
zur Bewältigung ihres Schicksals.«
Zur Zeit

VANDENHOECK TRANSPARENT

Alle Bände ca. 128 Seiten, kartoniert.

40: Wolfgang Wiedemann
Entspannung für Einsteiger
Seelische, körperliche und spirituelle Wege der Streßbewältigung
1997. ISBN 3-525-01816-9

45: Christian Möller / Hans-Georg Ulrichs (Hg.)
Fußball und Kirche – wunderliche Wechselwirkungen
1997. ISBN 3-525-01819-3

39: Hans- H. Fröhlich
Leben in der Zweierbeziehung
Intakte und gestörte Partnerschaften
1997. ISBN 3-525-01727-8

44: Siegfried J. Schwemmer
Den Tod durchdringt das Leben
Umgang mit Grenzerfahrungen
1997. ISBN 3-525-01818-5

38: Esther Goshen-Gottstein
Als der Tod uns trennte
Das Weiterleben als Witwe
1997. ISBN 3-525-01726-X

42: Jürgen Kriz
Chaos, Angst und Ordnung
Wie wir unsere Lebenswelt gestalten
1997. ISBN 3-525-01728-6

37: Thomas Schleiff
Verse über die Ferse
Heitere christliche Körperkunde
1996. ISBN 3-525-01815-0

41: Hauke Christiansen
Von Versagern und Talenten in entscheidenden Momenten
Fünf geniale Kurzgeschichten des Jesus von Nazareth in Reimen nach- und weitererzählt
1997. ISBN 3-525-01817-7

36: Hans-Joachim Thilo
Unter den Narben tut es noch weh
Gratwanderung einer Generation
1996. ISBN 3-525-01814-2

VANDENHOECK TRANSPARENT

35: Jürgen Guthke
Intelligenz im Test
Wege der psychologischen
Intelligenzdiagnostik
1996. 164 Seiten
mit 14 Abbildungen
ISBN 3-525-01725-1

34: Ulrike S. / Gerhard
Crombach / Hans Reinecker
**Der Weg aus der
Zwangserkrankung**
Bericht einer Betroffenen für
ihre Leidensgefährten
1996. ISBN 3-525-01724-3

33: Udo Rauchfleisch
**Musik schöpfen, Musik
hören**
Ein psychologischer Zugang
1996. ISBN 3-525-01723-5

32: Michael Pabel
**Drei Minuten über Gott
und die Welt**
Impulse und Besinnungen
1996. ISBN 3-525-01810-X

31: Margaret Lincoln
**Ich suche allerlanden
eine Stadt**
Stationen einer Pilgerreise
1996. ISBN 3-525-01807-X

30: Harald Posininsky /
Cornelia Schaumburg
**Schizophrenie – was ist
das?**
Eine Krankheit und ihre
Behandlungsmöglichkeiten
1996. ISBN 3-525-01722-7

29: Rudolf Köster
Das gute Gespräch
Gesunden und Wohlbefinden
im Dialog
1996. ISBN 3-525-01721-9

28: Leopold Rosenmayr
Altern im Lebenslauf
Soziale Position, Konflikt und
Liebe in den späten Jahren
1996. ISBN 3-525-01720-0

27: Christoph Schenk
Bewußtsein und Schlaf
Ein Brevier zur Entspannung
1996. ISBN 3-525-01719-7

26: Martin Koschorke
**Die Liebe in den Zeiten
der Wende**
Aufzeichnungen aus der Ehe-
beratung
1995. ISBN 3-525-01813-4

25: Heinz Günther Klatt
**Alle die Jahre – wo sind
sie hin?**
Erfahrungen mit dem
Gedächtnis im Alter
1995. ISBN 3-525-01812-6